Horst Kammrad

Die Brücke nach Teltow

Horst Kammrad

Die Brücke nach Teltow

Deutsche Geschichten 1961–1990

arani

Die Deutsche Bibliothek – CIP-Einheitsaufnahme
Kammrad, Horst:
Die Brücke nach Teltow: deutsche Geschichten 1961–1990/Horst Kammrad. -1. Auflage.-
Berlin: arani 1992
ISBN 3-7605-8639-2
NE: Kammrad, Horst: [Sammlung]

Umschlag- und Einbandgestaltung von Hauke Sturm

Printed in Germany
Satz: Volker Spiess, Berlin
Druck: Color-Druck Dorfi, Berlin
Bindearbeiten: Heinz Stein, Berlin
Auflagenbezeichnung (letzte Ziffern maßgebend)
Auflage: 5 4 3 2 1

Jahr: 1996 95 94 93 92

Die Brücke nach Teltow – Prolog

Der 23. Juni 1990 war ein Sonnabend. Als Hans Kramer den Teltower Damm erreichte, strömten die Zehlendorfer in Scharen in Richtung Schönow. Der Tag war sonnig und wie geschaffen für die offizielle Eröffnung der in wenigen Wochen neu errichteten Brücke über den Teltow-Kanal, die Zehlendorf wieder direkt mit der Nachbarstadt Teltow verband.

Das, was noch von dem über 700 Jahre alten märkischen Dorf Schönow übriggeblieben war, lag versteckt hinter dem satten Grün der abgeblühten Kastanienbäume und wurde plötzlich aus einer Jahrzehnte währenden Beschaulichkeit herausgerissen.

Die vertraute Eisenkonstruktion der Knesebeck-Brücke war seit dem Mauerbau am 13. August 1961 unpassierbar geworden. Das Brückengerippe, in den Jahren nur noch ein Halt für ein paar unterbrochene Rohre und gekappte Kabel, war verschwunden.

Heute schob sich die sommerlich gekleidete Menge der Schaulustigen von beiden Seiten auf einen flachen Brückenbau, der links und rechts mit niedrigen Geländern versehen war. In einer Zeitung war zu lesen, daß diese Brücke nur als Provisorium gedacht war. Irgendwo in Schöneberg hatte sie vorher ihren Zweck erfüllt und war, für noch brauchbar befunden, hierher geschafft worden. Wichtiger jedoch war die Brücke an sich, über die nun fortan jeder, ungehindert, unkontrolliert und ohne sich in Lebensgefahr zu begeben, gehen und – später – auch fahren konnte. Das lohnte das kleine Volksfest am Kanal. Verwandte, Freunde, ehemalige Arbeitskollegen und

Nachbarn, drei Jahrzehnte lang und damit eine Ewigkeit durch nicht zu überwindende Grenzzäune, Mauern und Sperranlagen voneinander getrennt, durften sich wieder besuchen, die Hände geben, miteinander lachen, sich freuen und zusammen frei und offen über das reden, was ihnen gefiel, und über das meckern, was ihnen nicht zusagte.

Zwischen Kindergesang und bunten Luftballons verloren sich die Stimmen der beiden Bürgermeister in der dichtgedrängten Menge, die gleichzeitig eine erste Belastungsprobe für die neue Brücke bedeutete. Die kleinen Stimmen der Schulkinder gaben sich redliche Mühe mit dem Lied des Zehlendorfer Komponisten Büchsenschütz »Märkische Heide – Märkischer Sand, sind des Märkers Freude, sind sein Heimatland«. Auch sie wollten mit dazu beitragen, die verlorengegangene Verbundenheit der Landsleute neu und frisch aufleben zu lassen.

Hans Kramer, seit über vierzig Jahren im Süden des Bezirks Zehlendorf zu Hause, traf viele Bekannte aus der Nachbarschaft und auch aus den CHEMIE-FASER-WERKEN, in denen er früher mehr als dreißig Jahre gearbeitet hatte, und deren Klärschlammablagen links der Brücke heute noch keinen einzigen Grashalm wachsen ließen. Immer wieder sah er sich um, ob er nicht unter den Leuten, die von drüben kamen … Nein, damit sollte nun endlich Schluß sein! Zu lange schon gehörten Worte wie *drüben* und *hüben* zum Sprachschatz des geteilten Landes. Er hoffte, vielleicht in der Menge jemanden aus Teltow und Umgebung zu sehen, den er noch aus der Zeit vor 1961 kannte.

Seine stille Hoffnung erfüllte sich ganz plötzlich nach der Einweihungsfeier. Er brauchte nur die bisher verbotenen fünfzig Meter vom Kanal bis zum ersten Haus in Teltow zu gehen, dem Postamt auf der linken Seite. Dort blieb er mit einemmal stehen und konnte es einfach nicht glauben: »Sichel? Heinz Sichel? Klar doch! Er ist es und sieht genauso aus wie damals!«

»Sie sind ... du bist ... ?« Der kleine Mann, Mitte Sechzig und trotzdem immer noch mit dem kindhaft wirkenden rosigen, runden Gesicht und den eigentlich schon immer glanzlosen blonden Haaren, sah ihn aus zusammengekniffenen Augen fragend an. »Wir kennen uns, aber ich komme nicht auf den Namen? Wir waren damals in der Fabrik zusammen, stimmts?«

»Natürlich kennen wir uns von da, Heinz. Ich war doch in der Autowerkstatt. Der Hans Kramer bin ich. Weißte nicht mehr, 1949 in der alten Sulfidierung? Klingelts jetzt. Bin auch älter geworden. Es ist ja auch ein paar Jahrzehnte her, seitdem du durch den Kanal geschwommen bist.«

»Klar, der Kramer biste.« Endlich schüttelten sie sich kräftig die Hände. »Liegt ja alles so weit zurück. Wie aus'm anderen Leben. Warste damals nicht auch im Betriebsrat?«

»Achtzehn Jahre«, sagte Hans, »bis sie die ganze alte Bude zugemacht haben. Aber erzähl mal. Ist deine Frau auch hier?«

Heinz, der ihm gerade bis an die Schulter reichte, schüttelte den Kopf. »Ist vor zwei Jahren gestorben. Brustkrebs. Mensch, was hätte die sich gefreut, wenn sie das alles noch miterleben könnte. Nicht, daß wir mal geglaubt haben, daß es so kommt, wie's jetzt gekommen ist. Aber oft hatte meine Frau gesagt, ob wir wohl mal wieder nach Zehlendorf rüberkönnen? Und deine Frau?«

»Ist 1984 gestorben«, sagte Hans. »War lange krank nach einem Schlaganfall. Weißt du noch, wie du durch den Kanal bist 1961?«

»Davon hatte ich noch jahrelang Alpträume«, lachte Heinz. »Besonders, als ich hier über die Brücke wieder nach Teltow zurück mußte. Mann, hatte ich die Hosen voll, als die Vopos mich in Empfang nahmen.«

»Wir müssen uns mal treffen und über die alten Zeiten quatschen und darüber, was danach war«, meinte Hans. »In meiner Stammkneipe. Na, wie ist's? Ich lade dich ein.«

Heinz Sichel zögerte nur kurz. »Sagen wir, am nächsten Mittwoch gegen drei.«

»Ist geritzt, Heinz, am Mittwoch um drei. Bis dann. Hab mich riesig gefreut.«

Die ham doch nich alle Tassen im Schrank

»Genauso hab ich das kommen sehen«, sagte Karl Kramer am Vormittag des 14. August 1961, als das Fernsehen die neuesten Nachrichten brachte. Sie sahen, wie die bis dahin beinahe unsichtbare Grenzlinie zwischen den Berliner Westsektoren und Ost-Berlin, aber auch schon zwischen der Bundesrepublik und der von vielen OSTZONE genannten Deutschen Demokratischen Republik mit den ersten stabilen Grenzzäunen versehen wurde. Verständnis- und fassungslos beobachteten die Menschen auf beiden Seiten den Bau der Sperren. Viele von ihnen, ja selbst DDR-Soldaten versuchten, in letzter Sekunde in den westlichen Teil Berlins zu gelangen.

»Det janze Theater konntest nich mal du voraussehʼn, Mann«, entgegnete Elisabeth Kramer ihrem Mann. »Den Schlamassel konnte überhaupt keener voraussehʼn, außer die, die ihn jetzt machen. Und die ham doch nich alle Tassen im Schrank!« Sie zog heftiger an ihrer Zigarette. Ihre Kinder hatten sie schon wiederholt gebeten, die schändliche Qualmerei doch endlich aufzugeben oder zumindest etwas einzuschränken.

»Denk dabei doch auch mal an Vaters Krankheit, Mutter«, hatte Hans gesagt. »Er raucht schon lange nicht mehr.«

»Det wär ooch wat mit seine kaputten Bronchien«, hatte sie da gebrummt und weitergeraucht. Bei seinem letzten Aufenthalt im Zehlendorfer Behring-Krankenhaus vertrat der Oberarzt die Ansicht, daß seine jahrzehntelange Arbeit in den Düppeler Pferdeställen Mitverursacher seines schweren Leidens wäre. Er gab vor allem den ätzenden Stoffen im Urin der Pferde die Schuld. Jetzt war der in Mecklenburg geborene

Schmied und Pferdepfleger mit 63 Jahren Frührentner.

So einfach wie seine Frau, die für ihre Überlegungen und Handlungen stets den einfachsten Weg suchte, machte es sich der von jeher politisch mitdenkende Mann nicht. Er sah auf dem Bildschirm, wie das Berliner Straßenpflaster von uniformierten und zivilen Bauarbeitern der DDR aufgerissen wurde, wie sie mit mehr oder weniger Eifer Pfähle in den Boden rammten und Stacheldraht ausrollten. »Die wissen ganz genau, was sie da machen. Wenn die ihre Grenzen jetzt nicht total abriegeln, sitzt Ulbricht mit seinen Genossen in ein paar Monaten alleine da drüben.«

»Na und«, dachte Elisabeth wieder mal laut gerade aus. »Denn jeht der Spitzbart mit seine Konsorten wieder dahin zurück, wo er herjekomm' ist, nach Moskau, und der Klumpatsch hat een Ende. Aber Stalin ist ja nicht mehr, der den zurücknehm' könnte. Ah, endlich zeijen die ooch mal wat anderet als immer die Politik!«

Karl war nicht mehr von seiner Flimmerkiste wegzubekommen. Als sein Gesundheitszustand sich verschlimmerte, legten die Kinder Hans, Irene und Kurt Geld zusammen und kauften für den Vater einen Fernsehapparat. Der 1945 geborene Helmut verdiente noch kein Geld, und Gerhard, der Zweitälteste, trieb sich wieder mal irgendwo in der Fremde herum. Von da an schaltete Kramer den Kasten am Vormittag mit Programmbeginn ein, um erst spät abends wieder auf den Knopf zu drücken.

»Lange dauert det nich mehr, bis de viereckije Oogen hast«, warnte seine Frau. »Zehnmal haste dir nun schon dieselben Nachrichten anjekiekt. Denkste, die melden, det allet een Versehen war oder det die Amis mit ihre Panzer anjerückt sind? Da kannste lange warten. Mensch, wat habt ihr beede, mein lieber Bruder und du, wat habt ihr früher rumjequatscht, wenn ick mit Wanja nach Kleenmachnow in die Kammerspiele bin. Na, da kommt ja von uns schon lange keener mehr hin.«

1961 war für Karl das erste Jahr mit der »Glotze«, wie seine Schwiegertochter Irma den Kasten respektlos nannte. Und gerade in diesem Jahr passierte soviel auf der Welt: Am 20. Januar 1961 wurde J.F. Kennedy Präsident der Vereinigten Staaten. Im April begann in Israel der Eichmann-Prozeß, der mit dem Todesurteil endete. In Kuba mißglückte die Invasion der Exilkubaner, Fidel Castro blieb Sieger. Im Mai verließ Südafrika das Commonwealth. In Korea gab es einen Militärputsch, und in Ostpakistan kamen bei einem Wirbelsturm 235 Menschen ums Leben. Kennedy und Chruschtschow trafen sich am 4. Juni in Wien. Filme, Bilder, Berichte! Der Monat Juli brachte eine Serie schwerer Katastrophen: 108 Tote bei einem Grubenunglück in der Tschechoslowakei, 237 Tote bei einem Schiffsunglück vor Mozambique. Ein Flugzeugabsturz in Argentinien forderte 66 Menschenleben. Über alles wurde auf der schwarz-weißen Mattscheibe berichtet.

Und jetzt, damit das Jahr noch ereignisreicher und der Monat August noch heißer wurde, als er es in diesen Tagen bereits war, in denen in der Laubenkolonie die Pumpenschwengel mehr als gewöhnlich quietschten, um das Wasser zum Begießen der Gemüsebeete aus der Erde zu holen, hatte Walter Ulbricht die totale Sperrung und Befestigung der innerdeutschen Grenzen angeordnet.

Am Morgen des 14. August herrschte auch in vielen Abteilungen der Zehlendorfer CHEMIE-FASER-WERKE starke Verwirrung. Plötzlich blieben Arbeitsplätze unbesetzt; Arbeiter und Angestellte, die am vergangenen Sonnabend so, wie sie es seit Jahren gewohnt waren, Feierabend machten und sich auf ein schönes Augustwochenende gefreut hatten, kamen am Montag nicht mehr in den Betrieb. Ihr Zuhause lag jenseits des Teltow-Kanals. Sie wohnten auf dem Gebiet der DDR. So stand es in ihren Ausweisen und Pässen.

Dabei war alles so zufällig wie ein Würfelspiel. Es gab nun einmal die festgelegten Grenzen der Stadt Berlin; jetzt entschieden sie über Schicksale. Und die Grenze verlief nun einmal von der Lichterfelder Kolonie »Erbkaveln« bis hinter die Zehlendorfer TELTOW-WERFT genau in der Mitte des Kanals. Wer hatte sich denn früher, außer den zuständigen Verwaltungsmenschen, jemals um die nur auf Landkarten sichtbare Grenzlinie gekümmert? Kein Mensch. Wer im Sommer Lust verspürte, über den damals noch sauberen Kanal zu schwimmen, konnte es tun und drüben so lange ausruhen, wie es ihm Spaß machte. Wer den Weg hinter der Werft fand, konnte durch ein Stück Heide wandern, über Felder, durch Wälder und unterhalb der Hakeburg am Machnower See entlang oder eben so weit, wie ihn die Füße trugen. Nach dem Krieg und der Einteilung Deutschlands in Zonen und Sektoren wurden die bisher so selbstverständlichen Bewegungsfreiheiten zwar beschnitten, blieben aber in einem engeren Rahmen erhalten. Das Regime der DDR sah es gar nicht gern, daß die auf ihrem Gebiet lebenden Menschen nach *drüben*, also nach West-Berlin gingen, um da zu arbeiten, doch war das bis zu jenem Sonntag im August 1961 immerhin möglich gewesen.

Zum Beispiel Oskar Hasse, ein kleiner, rundlicher Mann, länger als dreißig Jahre im Betrieb. Anfang der Fünfziger hatte die Direktion ihm die Leitung des Magazins übertragen. Nie war jemand dahintergekommen, ob es seine aufrichtige Überzeugung war oder ob er von den Parteiorganen der DDR dazu angehalten wurde, als er in einer Betriebsversammlung gegen den Bau einer Panzerstraße für die Amerikaner von der Clayallee in den Grunewald wetterte und seine Kollegen zum Protest dagegen aufforderte. Die meinten damals nur gutmütig: »Der Oskar darf gar nicht anders reden, sonst lassen die ihn nicht mehr rüber.« Am 14. August blieb sein Platz leer.

Oder Wilhelm Huhn, der die Güterwagen seit vielen Jahren immer »janz lejär« mit dem Trecker beinahe auf den Millimeter genau an den vorgesehenen Platz rangierte. Er und sein Bruder Otto wohnten in Teltow an der Straße nach Ruhlsdorf. Nur Otto war in letzter Sekunde mit seiner Frau, unter Zurücklassung aller Habe, über die Knesebeck-Brücke nach Zehlendorf gekommen. »Müssen wa eben wieder von vorne anfangen. Det Jeld, wat ick hier verdient habe, liegt sowieso uff eene Westbank. Trotzdem, Leute, wat wir allet zurücklassen mußten, det jeht uff keene Kuhhaut. Nee, Willem ist jeblieben, der ist da zu sehr verwachsen.«

Dann war da der Färbemeister Henninger. Täglich hatte er den weiten Weg vom Friedrichshain in Ost-Berlin nach Zehlendorf-Süd zurückgelegt, um hier zu arbeiten. Jetzt hinterließ er eine nicht so rasch aufzufüllende Lücke. Plötzlich fehlten sie. Ob vor dem Krieg oder danach, vielen, die zwischen Stahnsdorf, Güterfelde und Groß-Beeren etwas Eigenes besaßen und nebenbei ein bißchen Landwirtschaft betrieben, kam die Schichtarbeit in der Faser-Fabrik sehr gelegen. Nach jedem Schichtturnus gab es freie Tage, die sie gut für die Arbeit im Garten, auf dem Feld oder im Stall nutzen konnten.

In der Zeit nach dem 13. August standen sie manchmal noch drüben an der Straße zwischen Teltow und Seehof und blickten zu den drei Schornsteinen *ihrer* Fabrik herüber, hörten auf das vertraute schrille Quietschen der Bleichertbahn, wenn Kohle entladen wurde, oder versuchten aus der Ferne diesen oder jenen ehemaligen Arbeitskollegen zu erkennen. Sie standen »draußen«, weil die Regierung der DDR am 13. August 1961 »Maßnahmen zum Schutze des Friedens und der Staatsgrenzen« getroffen hatte.

Manch einer wird sich im stillen wohl gefragt haben, ob der Frieden nach dieser brutalen Aktion wirklich sicherer geworden sei. Einleuchtender war vielmehr die Erklärung, daß Tag für Tag immer mehr Fachkräfte in den Westen abgewandert waren. Otto Huhn bemerkte dazu nur: »Wißta, da könn wir kleenen Piesepampel doch nischt dran ändern. Früher, da hab ick immer zu die Kommunisten jehalten, ehrlich, weil wir Arbeiter die sind, die am meisten beschissen werden. Aber nun könn die mir mal da drüben. Alle einsperren wie die Ochsen und als Futter nur dummet Jequatsche. Det jeht doch viele da über die Hutschnur.«

Wat det nun werden soll?

Wenn Hans Kramer im Betriebsratzimmer an seinem Schreibtisch saß, konnte er nicht nur ein Stück des Teltow-Kanals sehen, der sich hier vor dem Stichkanal etwas verbreiterte, er sah auch die Fenster des Diakonnissenhauses drüben in Seehof an der Straße, die sie in »Philipp-Müller-Allee« umgetauft hatten. Im Lexikon fand er einige Müllers, die alle irgend etwas besonderes geleistet hatten, aber ein Philipp war nicht darunter. Nicht erkennen konnte er die im Sommer beinahe bis zur Unkenntlichkeit zugewachsene Kanaleinbuchtung unterhalb von Seehof, in der es vor dem Krieg eine Badeanstalt gab.

Während sein Kollege Richard Behrend, der ihm gegenüber saß, einen Bericht der Werksleitung studierte und dabei mißbilligend brummte: »Der Alte läßt sich nur noch dazu herab, Randbemerkungen zu schreiben«, gingen Hans die Ereignisse des vergangenen Sonntags noch einmal durch den Kopf.

Seit einem Jahr befand sich seine Schwiegermutter in einem privaten Pflegeheim im Norden der Stadt. Ihr immer schlechter werdender Gesundheitszustand hatte eine ständige fachliche Pflege notwendig gemacht. Nun fuhren er und seine Frau Irma, manchmal waren auch die beiden Kinder dabei, sonntags mit der S-Bahn vom Bahnhof Zehlendorf eine Stunde lang in einem Bogen durch Berlin bis nach Hermsdorf. Gestern, als die Bahn vor dem Anhalter Bahnhof in den Tunnel einfuhr, um dann die S-Bahnhöfe »Potsdamer Platz« und »Unter den Linden« ohne Halt zu passieren, standen ganze Reihen von Volkspolizisten und bewaffneten Männern der sogenannten BETRIEBSKAMPFGRUPPEN auf den Bahnsteigen. Ein ähnliches Bild auf dem Bahnhof »Friedrichstraße«, wo der Zug immer noch kurz anhielt.

Als die Bahn hinter dem »Nordbahnhof« wieder ans Tageslicht kam, war noch nichts Außergewöhnliches zu bemerken. Doch später, hinter Ge-sundbrunnen, als die Bahnlinie lange Zeit an der Sektoren-grenze zwischen den Stadtteilen Reinickendorf und Pankow entlang führte, waren die plötzlichen und rasch fortschreitenden Veränderungen nicht mehr zu übersehen. Alle verbindenden Straßen, wie die Wollank-, Provinz- oder Kopenha-gener Straße, bislang mit Schlagbäumen versehen, waren von bewaffneten Einheiten der DDR abgeriegelt. Auf Westberliner Seite sahen die Fahrgäste mehr Polizeifahrzeuge als sonst, doch kaum welche der Westalliierten.

»Mein Jott, die müssen ja über Nacht ihr janzet Militär aus die Zone nach Berlin jekarrt haben«, sagte eine ältere Berlinerin zu ihrem Mann.

»Nich erst über Nacht, Mutter«, antwortete der Mann. »Die waren doch schon längst hier, für den Fall der Fälle, weeßte, der ja nun wohl injetreten ist.«

»Wat det nun werden soll? Vielleicht könn wa nun überhaupt nich mehr bei die Kinder nach Buchholz.«

»Nee, det werdense nich mehr könn«, meldete sich ein anderer Fahrgast. »Jetzt machense allet dichte. Ick hab schon lange mit jerechnet, wo doch die dußlichen Zeitungsfritzen jeden Tag jroß jeschrieben haben, wie ville wieder jetürmt sind. Die da drüben könn doch ja nich mehr anders, will ick mal sagen.«

»Uff die Dauer, meinse?« meldete sich die Frau wieder. »Nee, da jloob ick nich dran. Hier mitten in unsere Stadt, da könn die doch nich uff ewich allet zumachen. Denn hättense det dazumal am 17. Juni schon jemacht. Det wär ja ... also nee ...«

»Russen sind ja ooch keene nich zu sehen«, meinte ihr Mann, »jenau wie bei uns keene Amis oder Engländer nich zu sehn sind. Die denken, laßt doch die doofen Deutschen selbst zusehn, wie se aus die Bredullje kommen.«

Dann war es wieder still in dem hin- und herruckelnden S-Bahnabteil. Jeder Reisende machte sich selbst seine eigenen Gedanken über das, was da draußen in der Stadt an diesem Augustsonntag vor sich ging.

»Die ewige Hin- und Herschreiberei nimmt doch mehr Zeit in Anspruch, als wenn wir uns mit den Herren ...«, sagte der Betriebsratsvorsitzende Behrend gerade, als unten am Kanal kurz hintereinander mehrere Schüsse fielen. Erschrocken sprangen beide von ihren Stühlen hoch. Hans sah Richard an. »Was ist denn nun los?. Wieso schießen die?«

»Seh'n wir mal nach!« Sie liefen die Treppe hinab und erreichten nach wenigen Metern den Zaun, der das Firmengelände von der Kanalböschung trennte. Hier gab es eine kleine Pforte für den Werkschutz, die jetzt offen war. Unten auf dem ehemaligen Treidelweg hatten sich bereits ein paar Arbeiter eingefunden. Mitten unter ihnen, nur mit einer Badehose bekleidet und völlig durchnäßt, der Betriebsmaler Heinz Sichel aus Teltow. Ein mit dem Hosengürtel zusammengeschnürtes Kleiderbündel, aus dem ebenfalls das Wasser triefte, hielt er unter dem Arm. Arbeiter drohten mit den Fäusten zum anderen Kanalufer hinüber und riefen: »Ihr Verbrecher! Jetzt versteckt ihr euch feige, ihr Gangster!«

Auf der anderen Seite bewegte sich nichts. Trotz der Sommerwärme zitterte Heinz am ganzen Körper. Als er endlich genug von dem schmutzigen Kanalwasser ausgespuckt hatte, krähte er heiser und immer noch atemlos: »Meine Frau! Vorhin stand sie noch da drüben. Jetzt isse weg. Die Grenzer hamse verhaftet.« Er schüttelte sich. »Beinahe hätten die mich erschossen. Die Kugeln sind rechts und links von mir ins Wasser. Oh je, wat denn nun?«

»Wenn die dir wirklich hätten treffen wollen, Junge, denn wär'n uns die Kugeln nich da oben uff's Dach um die Köpfe jeflogen«, sagte einer der beiden Dachdecker, die vorher oben auf dem Dach der Alkalisierung gearbeitet hatten. »Entweder waren det nur Warnschüsse oder die Arschlöcher schießen so schlecht.«

»Nun sag doch mal, Heinz, bist du geflüchtet?« schaltete Richard Behrend sich jetzt ein. »Und ohne deine Frau und deine Kinder? Sag mal, du mußt doch ...«

Er bekam vorerst keine Antwort, denn mit schnellen Schritten näherte sich Direktor Lose, gefolgt von der Personalchefin, die mit ihren Pfennigabsätzen auf dem Kopfsteinpflaster nicht so gut laufen konnte. Schon von weitem rief sie: »Na aber, das ist doch unser guter Herr Sichel!« In den vergangenen Jahren war Heinz zwar noch nie Fräulein Jakobs »Guter« gewesen, sonder immer nur ein »fauler, phlegmatischer Kerl, der sein Geld nicht halbwegs verdiente«, doch das war im Moment unwichtig. »Haben die etwa auf Sie geschossen?«

Heinz hatte den ersten Schock überwunden und fühlte sich nun ein bißchen als Held. Als sie die Kanalböschung verließen, erklärte er: »Um ein Haar hätts mich erwischt, Fräulein Jakob. Dabei wollte ich doch ganz einfach nur mein ...«

»Ganz einfach springen Sie da drüben ins Wasser, Sichel«, wurde er vom Direktor unterbrochen. »Am hellichten Tag. Wußten Sie denn nicht, wie gefährlich das seit Sonntag ist?«

»Nicht so direkt, Herr Direktor«, stotterte der kleine

Mann und fummelte an dem Kleiderbündel herum. Langsam wurde ihm wohl bewußt, daß er nur mit der Badehose bekleidet vor den Leuten stand, die bis zum letzten Sonntagabend noch seine Vorgesetzten waren – und nach Lage der Dinge auch jetzt noch waren. Er erzählte, daß seine Frau knapp mit dem Geld dran war und daß doch die Abschlagszahlung im Betrieb fällig gewesen wäre. Und weil die drüben nun dabei wären, alles abzusperren, hätten sie gedacht oder geglaubt, daß er hier noch durch den Kanal schwimmen könnte, ohne daß es auffiel. »Und dann ist es ja auch so, Herr Direktor, daß ich in Zehlendorf noch Außenstände für meine privaten Malerarbeiten habe und da …«

Lose schüttelte den Kopf. »Sind Sie so dumm, Sichel, oder tun Sie nur so? Da wollten Sie Ihr Geld aus dem Lohnbüro holen, hinterher das Geld für Ihre Schwarzarbeiten kassieren, und dann, was dann?« Sie entfernten sich langsam von dem Zaun am Kanal und bemerkten die Uniformierten gar nicht, die mit Ferngläsern herüberspähten. »Wollten Sie dann wieder zurückschwimmen und zu den Soldaten oder was das sonst für Leute sind, sagen: »Entschuldigen Sie meinen Ausflug, ich wollte nur mein Geld von den Kapitalisten drüben holen? Mann, ich glaube, Sie haben überhaupt nicht nachgedacht. Ihre Frau hat gesagt: Spring ins Wasser, und Sie sind gesprungen.«

»Haben Sie dabei gar nicht an Ihre Kinder gedacht?« setzte die Personalchefin noch eins oben drauf. Da reichte es dem Betriebsrat langsam. »Das Gerede bringt uns doch nicht weiter. Schließlich ist es nicht die Schuld von Sichel, daß die Grenzen so plötzlich geschlossen wurden. Erst muß er mal was Trockenes auf den Leib bekommen. Und dann müssen wir überlegen, wie er wieder rüber kommt. Du willst doch zurück, oder?«

»Ja, natürlich. Was soll ich denn sonst machen?«

Behrend und Kramer nahmen Heinz mit in das Betriebsratsbüro und sorgten dafür, daß er einen Schlosseranzug aus der Kleiderausgabe bekam. Zum Glück waren seine Papiere nicht ganz so naß geworden. Er bekam das Geld, das ihm zustand, konnte aber seine privaten Kunden verständlicherweise nicht mehr besuchen. Am frühen Nachmittag begleitete Richard Behrend den Kollegen bis zur Knesebeck-Brücke. »Alles andere mußt du nun allein packen, da beißt die Maus keinen Faden ab.«

Noch konnten die Stacheldrahtrollen auf der Brückenmitte zur Seite gezogen werden. Behrend beobachtete, wie Heinz den herbeieilenden Grenzsoldaten seinen Spruch aufsagte und wie sie ihn in die Mitte nahmen. Nachdenklich sah er dem Maler nach.

Niemand konnte genau sagen, wie die Nachrichtenquellen in den folgenden Jahren funktionierten, aber irgendwie sikkerte doch einiges durch den Eisernen Vorhang. Bald wurde im Betrieb erzählt, daß Heinz Sichel jetzt in den Kalksteinbrüchen von Rüdersdorf schwer arbeiten mußte. Ein paar Wochen später aber hieß es: Sichel malert wieder – in den Wohnungen seiner Vorgesetzten.

Die politische Entscheidung blieb aus

Harald Grützke lag noch in dem bunt bezogenen Hotelbett. Er gähnte und streckte der Zimmerdecke übermütig beide Arme entgegen. »Bist du nicht auch noch müde, Selmalein? War doch recht spät gestern abend, als wir ins Zimmer kamen, und dann noch …«

Wohlgefällig betrachtete er die Rückseite seiner jungen Frau, die nackt am Fenster stand und gedankenverloren nach draußen starrte. Das rötliche, jetzt in der Morgensonne glänzende Haar, reichte ihr weit über die Schulter, auf denen sich die gleichen Sommersprossen breitmachten, die auch ihr schönes Gesicht übersäten. Obwohl der Vorabend einen stürmisch-liebevollen Abschluß gefunden hatte, wurde Harald wieder etwas unruhig und zog die Bettdecke höher, als er mit seinen Blicken ihren festen runden Hintern erfaßte.

»Willst du nicht doch noch ein bißchen ins Bett kommen? Ist doch unsere Hochzeitsreise.«

Selma drehte ihm das Gesicht zu. »Du glaubst wirklich, daß du schon wieder … ich meine, nach der Nacht?«

»Was denn? Was denn?« spielte er den Empörten. »Kaum sind wir verheiratet, da zweifelst du schon meine Potenz an? Frau Grützke, das hätte ich nicht von Ihnen gedacht, wirklich nicht!«

»Ach, du bist ein Dummkopf«, lachte Selma und drückte die Stirn wieder gegen das kühle Fensterglas. Im FDGB-Erholungsheim in Kühlungsborn an der Ostsee hatten sie nur noch ein Zimmer mit dem Ausblick landeinwärts bekommen. Aber dafür war es die Sonnenseite. »Bei dem schönen Wetter bleiben nur die unverbesserlichen Morgenmuffel so lange im

Bett. Die ersten Gäste gehen schon spazieren. Ich jedenfalls werde mich jetzt waschen, frühstücken, und dann nichts wie rüber an den Strand.«

Sie drehte sich ganz zu Harald um. Und der mußte schlukken, als ihre hochangesetzten vollen Brüste in seine Richtung schwangen. Sein Blick kreiste um ihr rötliches Haardreieck, wobei er anerkennend mit der Zunge schnalzte, doch Selma reagierte überhaupt nicht. Sie war offenbar mit ihren Gedanken ganz woanders, denn im ernsten Ton sagte sie plötzlich: »Mir geht das alles nicht mehr aus dem Kopf, weißt du. Ich meine, daß sie nun die Grenzen nach West-Berlin zugemacht haben. Was ist denn, wenn ich jetzt nicht mehr rüber kann in die Laubenkolonie zu meinem Vater und meiner Schwester? Das beunruhigt mich, Harald. Am liebsten würde ich gleich heute noch zurückfahren nach Teltow, um zu sehen, was da los ist.«

»Also weißt du, Selmalein, das klingt wirklich verrückt.« Harald schwang die Beine aus dem Bett und richtete sich mit einem Ruck auf. Er zog die Hose des Schlafanzuges hoch. Am Fenster legte er einen Arm um seine Frau und zog sie an sich. »Denk doch mal daran, wie schwierig es war, in diesem Sommer noch einen Ferienplatz an der Ostsee zu bekommen. Da mußte ich mich ganz schön ranhalten im Betrieb. In unserer Brigade haben die meisten Kinder, aber als Frischverheirateter ...«

»Das weiß ich doch alles.« Selma küßte ihn rasch auf den Mund und spürte seine Morgenstoppeln. »Aber wenn man in West-Berlin zuhause ist, kommt man sich vor wie – ja, wie ausgesperrt. Wissen wir denn, was eure Regierung sich noch alles einfallen läßt? Auf einmal sind wir in Teltow von meiner Familie abgeschnitten und können vielleicht nur noch über den Kanal winken. Was soll das alles für einen Sinn haben?«

Sie löste sich brüsk von ihm und streifte den einteiligen Badeanzug über. »Nicht einmal duschen kann man, weil die beiden einzigen Badezimmer auf unserer Etage jeden Morgen besetzt sind.«

»Das hier ist nun mal ein uralter Kasten. Sieht ja von außen ganz vornehm aus, wurde aber wahrscheinlich schon vor der Jahrhundertwende gebaut.« Harald ging in die Ecke neben der Tür, wo vor einem gekachelten Wandstück das Waschbecken und der Spiegel angebracht waren. »Übrigens ist das jetzt auch deine Regierung, Selmalein, vergiß das nicht. Sieh doch mal ein, so konnte es doch nicht weitergehen ..., die ständigen Verletzungen unserer Staatsgrenze durch die imperialistischen Kräfte der Natostaaten und besonders der BRD.« Er lehnte sich gegen das Waschbecken und redete plötzlich, als hätte er nicht seine junge Frau vor sich, sondern den Schulungskreis einer Politstunde bei der Volksarmee, die er ein Jahr zuvor als Unteroffizier verlassen hatte. »Schuld an der Sperrung der Grenzen sind allein die bedrohlichen Träume revanchistischer Kreise, die Landkarte noch einmal entscheidend zugunsten des Großkapitals zu verändern. Und dein Vater, Schatz, wird das genauso sehen und das auch verstehen. Jetzt aber genug Politik. Will mir endlich die Zähne putzen.«

Während Harald laut gurgelte, brachte Selma die Betten in Ordnung. »Manchmal redet mein Vater noch so wie in früheren Zeiten. Aber überzeugt von eurem Kommunismus und Sozialismus ist er schon längst nicht mehr. Voriges Jahr im Sommer, als wir mit dem Bus von Tante Gundula aus Hannover zurückkamen und an der Grenze bei Helmstedt geschlagene vier Stunden auf die Abfertigung warten mußten, da hat er ganz laut gesagt, wenn Marx und Lenin wüßten, was so alles in ihrem Namen passiert, die würden sich im Grabe umdrehen.«

Harald rasierte sich flink und antwortete leichthin: »Er ist nun mal nicht mehr der Jüngste, Selmalein, und außerdem fehlt ihm der Überblick. Du willst doch nicht etwa in dem aufreizenden Badeanzug zum Frühstück?«

Sie lachte. »Das würde mir dieser muffige, aus der Kaiserzeit stammende alte Kasten wohl sehr übel nehmen.«

Kommentare von Politikern, Journalisten, Historikern und anderen Leuten gab es reichlich nach dem 13. August 1961. Der amtierende Chef der Nato-Landstreitkräfte erklärte nach einer Lagebesprechung in Fontainebleau: »... Wir in Fontainebleau rechneten mit einer sofortigen Reaktion der drei Westmächte, deren Rechte in Berlin schwer beeinträchtigt worden waren, doch blieb die erwartete politische Entscheidung aus. Hätten nicht die drei Mächte sofort von ihrem Recht zur Öffnung der Zugänge in den Ostsektor Gebrauch machen sollen? ...«

Der Leiter einer Fernseh- und Rundfunk-Journalistenrunde ging am 8. Oktober 1961 sogar noch einen Schritt weiter, als er unter anderem sagte: »... am 13. August 1961 hätte man nicht zusehen, sondern zupacken müssen. Was hätte sich dabei ereignen können? ... der große Krieg, der inzwischen vielleicht schon zu Ende wäre.«

Von dem US-amerikanischen Historiker Speier war zu hören: »Man muß sich aber fragen, ob es nicht im Grunde doch die Kommunisten waren, die aus den Ereignissen im August 1961 den größten Gewinn zogen.«

US-Senator Mansfield sagte zu dem Thema: »Die Politik der Bundesregierung konnte nicht zur Wiedervereinigung führen. Das weiß jedes politisch begabte Kind seit Jahren. Es ist Heuchelei, heute den Russen den Schwarzen Peter zuzuschieben. Oder eines Tages den Amerikanern? Den Westmächten? Ihre Rechte sind in Berlin nicht betroffen.«

Willy Brandt, von 1957 bis 1966 Regierender Bürgermeister von West-Berlin, 1966 in einem Vorwort: »Unsere Stadt hat allerdings heute auch das schwere Erbe des nationalsozialistischen Unrechtstaates und des von ihm entfesselten Krieges zu tragen. Sie ist gewaltsam zerrissen; unsere Mitbürger im Ostsektor sind seit dem 13. August 1961 durch Mauer und Stacheldraht von uns getrennt. In Berlin stehen sich buchstäblich auf einer Straßenseite Demokratie und Diktatur, Freiheit und Unfreiheit gegenüber. Trotz schwerer Belastungen haben wir im freien Teil unserer Stadt eindrucksvoll beweisen können, daß die demokratische Lebensordnung dem kommunistischen Totalitarismus überlegen ist.«

Und viel später, im Jahre 1976, derselbe Willy Brandt: »Mich zwang dieser Einschnitt, die äußeren Faktoren zu überdenken, von denen die deutsche und europäische Politik in den nächsten jahren abhängig sein würde.«

In Nikita Chruschtschows Rechenschaftsbericht des Zentralkomitees der KPdSU zum 22. Parteitag im Oktober 1961 schließlich war zu lesen: »In den letzten Monaten gingen die Imperialisten bewußt darauf aus, im Herzen Europas eine gefährliche Situation zu schaffen, wobei sie als Antwort auf unseren Vorschlag, mit den Überresten des zweiten Weltkrieges Schluß zu machen, einen deutschen Friedensvertrag abzuschließen und die Lage in West-Berlin zu normalisieren, mit Waffengewalt drohten. Angesichts der Verschärfung der internationalen Lage waren wir gezwungen, die erforderlichen Maßnahmen zu treffen. Wir gehen von der tatsächlichen Lage aus, die sich nach der Zerschlagung Hitlerdeutschlands herausgebildet hat, nämlich vom Vorhandensein zweier deutscher Staaten und der Grenzen, die nach dem Krieg festgelegt wurden ...«

Von einer totalen Sperrung der Grenzen innerhalb Deutschlands und gar dem Bau der Mauer quer durch Berlin war in Chruschtschows Bericht nichts zu lesen.

Monolog am Stacheldraht

Am 29. August 1961, als erneut am Teltow-Kanal, in unmittelbarer Nähe der CHEMIE-FASER-WERKE, geschossen wurde, waren die Kugeln der DDR-Grenzsoldaten tödlich. Sie trafen einen Menschen, der hier vielleicht noch eine Lücke zur Flucht sah in dem von Tag zu Tag verstärkten und radikaler werdenden Ausbau der Grenzsperren. Sein Versuch, nach West-Berlin zu schwimmen, mißlang, die spektakuläre Flucht zweier junger Männer aus Teltow mit einem vorn verstärkten Lastwagen durch den noch unstabilen Zaun aber glückte.

War es zu Anfang nur die Abriegelung der Übergänge und Brücken, wurde bald ein Stacheldraht längs der gesamten Zehlendorfer Grenze zur DDR daraus. Danach entstand ein zweiter Zaun, dicht hinter dem ersten, jetzt nicht mehr mit Pfählen aus Holz, sondern aus Beton. In zwanzig bis dreißig Meter Entfernung folgte bald ein weiterer Zaun, und es gab die sogenannten *Vorsperren*, die später mit Signaleinrichtungen ausgestattet wurden. Hölzerne Wachtürme baute man beinahe über Nacht an der Knesebeck-Brücke, unterhalb von Teltow und an der Teltow-Werft. Doch war das alles erst der Beginn. Gewaltige Geldsummen wurden in diesen Jahren von der DDR-Führung ausgegeben. Massen von Material wurde gebraucht, das an anderen Orten des Landes fehlte, um einen unüberwindbaren, teilweise mit *Hinterlandsicherungsmauern* versehenen Befestigungswall zu schaffen.

Gärten, Schuppen, Bäume, ja sogar Wohnhäuser und Fabrikanlagen wurden in kurzer Zeit zwischen Teltow und dem Kanal abgerissen, um Platz zu schaffen für einen breiten Sperraum, der mit gefährlichen Fallen versehen und hohen

Scheinwerfermasten und Asphaltstraßen für Streifenfahrzeuge ausgestattet war, von den »Abwehrorganen der Nationalen Volksarmee« in »Gruppenabschnitte« aufgeteilt. Bald waren die Zäune stabiler, engmaschiger und höher. Die hölzernen Wachtürme machten Bauten aus Beton Platz. In den Jahren danach hörten die Einwohner von Zehlendorf-Süd in den Nächten das vielfache Gebell von hungrig gehaltenen Hunden, die sich innerhalb der Sperranlagen an langen Drähten bewegen mußten. Mit den Jahren vermoderten die ersten Zaunpfähle am Buschgraben und versanken im sumpfigen Gelände. Dafür war drüben vor der ersten Häuserreihe in Kleinmachnow eine Mauer entstanden. Aus dem Gelände beiderseits des Buschgrabens entwickelte sich ein Niemandsland mit einer unberührten Natur.

Manche Leute sprachen von einer zweiten Chinesischen Mauer. Der Vergleich war natürlich unsinnig. Die Chinesische Mauer, fast 6.000 Kilometer lang, wurde im 3. Jahrhundert vor Christus gebaut, später erweitert und zählt heute noch zu den Weltwundern. Über die Berliner Mauer jedoch konnte sich die Welt nur wundern.

In den Wochen nach dem 13. August gab es für Flüchtlinge zumindest noch die Hoffnung, die Grenze in Richtung West-Berlin überwinden zu können. Es gab aber bereits den Befehl, gezielt auf *Grenzverletzer* zu schießen.

Kurz vor 14 Uhr waren vom Kanal her das Rattern einer »Kalaschnikow«-Maschinenpistole und danach mehrere Schußsalven aus Gewehren zu hören. Die Fenster des Betriebsratsbüros standen weit offen. Erschrocken sah Hans Kramer den Rohrleger Ronny an, der vor den Schreibtischen saß, um vor dem Ende der Arbeitszeit gemütlich eine Pfeife zu rauchen. »Das hörte sich aber gefährlich an!«

»Det denk ick ooch«, sagte Ronny und sprang auf.

Diesmal war Hans zuerst unten auf der Kanalböschung. Nichts deutete darauf hin, daß hier eben geschossen worden war. Wie neulich, als Heinz Sichel herüberschwamm, blieb drüben zwischen den Büschen und dem neuen Grenzzaun alles ruhig. Sogar die Enten zogen am anderen Ufer ungestört ihre Bahn.

Das Bild änderte sich schnell. Hans beobachtete, wie die Arbeiter eines zivilen Bautrupps, die den ganzen Vormittag drüben mit dem Beseitigen von Sträuchern und Bäumen beschäftigt waren, plötzlich in Richtung Seehof zurückliefen. Ein paar von ihnen schienen zu protestieren, jedenfalls fuchtelten sie mit den Händen und Armen. Kurz darauf erschienen die ersten Grenzsoldaten unten am Kanal. Sie sahen mehr nach Offizieren als nach einfachen Volksarmisten aus.

Oben, wo die Wupperstraße auf der Berliner Seite jäh endete, weil diese Brücke nach dem Krieg nicht wieder aufgebaut worden war, erschien ein Funkwagen der Westberliner Polizei, gleich darauf auch ein Jeep der amerikanischen Militärpolizei.

Ronny tauchte mit mehreren anderen Leuten auf, die inzwischen im Betrieb Feierabend hatten. »Da oben bei der Polizei sind zwee alte Leute. Die sagen, daß sie vom alten Brükkensockel aus mit anjesehn haben, wie jemand, ob Mann oder Frau wissense nicht, hier mitten im Kanal von Grenzsoldaten erschossen wurde und ooch jleich untergegangen ist«, berichtete er.

Ein anderer Mann rief: »Da, seht mal, jetzt bringen die drüben Schlauchboote ins Wasser. Wahrscheinlich die Feuerwehr aus Teltow!«

»Unsere Feuerwehr ist auch schon zur Stelle!« war zu hören. Am diesseitigen Ufer wurde nun ebenfalls ein Schlauchboot ins Wasser geschoben. Ein Bild voller schweigender Spannung, als die Feuerwehrmänner den Kanal mit langen Stangen absuchten. Doch weder hüben noch drüben war ein Erfolg zu erkennen, bis auf der Teltower Seite in der Nähe der Kanaleinbuchtung etwas ans Ufer gezogen wurde. Es war kein Mensch, sondern eine Aktentasche. Die Suche wurde fortgesetzt, dabei durften beide Seiten nicht über die Mitte des Kanals hinaus, weil genau da die Grenzlinie verlief.

Inzwischen hatten sich fünfzig bis sechzig Frauen, Männer und auch ein paar Kinder auf dem alten Treidelweg versammelt. Mit dem Schweigen war es schnell vorbei. Während die Suche fortgesetzt wurde, waren die ersten Gerüchte zu hören. Ein Soldat von drüben hätte versucht herüberzuschwimmen. Nein, es soll einer von den zivilen Arbeitern gewesen sein. Als nach einer Stunde auch der Finanzdirektor der Fabrik Kronberger erschien, wußte der zu berichten: »Im RIAS haben sie eben kurz gemeldet, daß die Banditen hier einen Zivilisten erschossen haben, der über den Kanal schwimmen wollte. Ein Ehepaar hat alles mit angesehen. Der Flüchtende war plötzlich im Wasser verschwunden.«

Die Diskussionen wurden nun heftiger, wütender. Einige riefen im Sprechchor zum anderen Ufer hinüber: »Ihr Mörderbande! Weg mit der Grenze! Weg mit den Kommunisten! Freiheit für alle!«

Kramer brüllte nicht mit, weil damit nichts geändert war, obwohl er genauso dachte und empfand wie die anderen Anwesenden. Als Reporter von Radio und Zeitung auftauchten, verließ er die Kanalböschung und ging nach Hause.

»Ist aber seltsam, daß sie den Erschossenen nicht gefunden haben«, sagte seine Frau Irma, als er ihr den Vorfall in allen Einzelheiten geschildert hatte. »Es wird doch gesagt, daß Tote an die Wasseroberfläche kommen.«

»Keine Ahnung. Vielleicht ist das bei Erschossenen anders.

Oder er wurde abgetrieben ...«

Der erschossene Flüchtling blieb in West-Berlin unbekannt. Das stand auch auf dem Gedenkstein, der am Ende der Wupperstraße aufgestellt wurde: DEM UNBEKANNTEN OPFER DES TERRORS. Als die Faser-Werke den Platz später für die Erweiterung des Betriebes benötigten, ließen sie das Mahnmal nach Schönow an die langsam vor sich hinrostende Knesebeckbrücke versetzen.

Das Kommando der 5. Grenzbrigade der DDR-Grenzpolizei wußte bereits am selben Abend, daß es sich bei dem Erschossenen um den 1934 in Hannover geborenen Roland Hoff handelte. In der Meldung stand, daß die »Person« nicht auf einen Warnschuß reagierte und fünfzehn Meter in Richtung West-Berlin schwimmend zurücklegte, worauf der Feuerbefehl für die »Zielschüsse« gegeben wurde. Um 18 Uhr wurde der Tote, unbemerkt von westlichen Beobachtern, aus dem Wasser gezogen und abtransportiert. Und wörtlich: »Gegen 17.10 stellten die gegnerischen Kräfte die Suche wieder ein und nahmen sie erneut gegen 18.15 wieder auf, da durch geschicktes Verhalten beim Herausnehmen der Leiche aus dem Teltow-Kanal dieses durch die gegnerischen Kräfte nicht bemerkt wurde.«

Die so aktenkundig gemachten »gegnerischen Kräfte« waren offenbar jene zwölf Feuerwehrleute, acht Polizisten, zwei US-Soldaten, Hans Kramer mit Beschäftigten aus der Fabrik und einige Kinder.

In der folgenden Zeit traten die krassen Gegensätze an den Grenzen Zehlendorfs zur DDR immer stärker zutage. Auf Teltower Seite war der Kanal nicht mehr zugänglich. Die Arbeiterinnen eines der Teltow-Werft gegenüberliegenden Betriebes, dessen Dach ein rot leuchtender Sowjetstern zierte, saßen in der ersten Zeit noch in unmittelbarer Nähe des Grenzzaunes, wenn sie bei schönem Wetter draußen Frühstückspause machten. Das wurde bald unterbunden.

Auf der zu den Westsektoren gehörenden Kanalseite gab es keinerlei Sperren. Im Gegenteil, auf dem alten Treidelweg entstand eine schmale Asphaltstraße für die Patrouillenfahrzeuge der Polizei und der Amerikaner, die auch für Spaziergänger benutzbar war. Der Fahr- und Fußweg nahm an der Knesebeck-Brücke seinen Anfang, führte an der Teltow-Werft vobei und mündete am ehemaligen Schützenhaus in die Machnower Straße. An mehreren Stellen gab es bunkerartige Unterstände, die bald wieder eingeebnet wurden. Wirkungslos waren wohl nach einiger Zeit auch die großen, an Eisengestellen befestigten Tafeln, die auf die Schandhaftigkeit der Grenze hinwiesen und auf denen die DDR-Grenzer aufgefordert wurden, nicht auf Menschen zu schießen.

Bald war der Abstand von der Zehlendorfer Seite bis nach Teltow so groß, daß die Leute Ferngläser benutzen mußten, wenn sie drüben etwas genauer erkennen wollten.

So hatten sich auch alle Hoffnungen der nach Teltow eingeheirateten Selma Grützke, geborene Laube, zerschlagen, die es lange Zeit nicht begreifen konnte, warum sie ihre in Zehlendorf wohnende Familie nicht mehr sehen und sprechen durfte.

Hans Kramer, der oft am Kanal spazierenging, setzte sich eines Tages an seine alte Schreibmaschine und führte auf dem Papier ein einseitiges Gespräch mit den Grenzsoldaten hinter dem Stacheldraht. Sein MONOLOG AM STACHELDRAHT erschien bald darauf in verschiedenen Zeitungen und Zeitschriften:

»Gefällt dir deine gutgeölte Waffe?« so fragte darin Hans den unbekannten Volksarmisten. »Auch mir gefiel einmal das

1961 – Weihnachtsbäume an der Knesebeckbrücke grüßen die Nachbarn in Teltow

Gedenkstein für den siebenundzwanzigjährigen Roland Hoff, der am 29. August 1961 in der Nähe der Spinnstoffabrik Zehlendorf bei einem Fluchtversuch durch den Teltowkanal von Grenzsoldaten der DDR erschossen wurde.

blaue, blanke Metall der Waffen, als ich so alt war, wie du es heute bist. Vielleicht bist du ein guter Schütze und trägst deine Schießschnur wie eine Auszeichnung. Vielleicht ist es dein sehnlichster Wunsch, einmal auf ein lebendes Ziel zu schießen, auf ein Tier oder – auf einen Menschen, denn bis jetzt trafen die spitzen, tödlichen Geschosse deiner Waffe immer nur tote Scheiben. Ich erinnere mich noch sehr gut – es ist ja noch gar nicht so lange her – auch ich war ein guter Schütze, als ich so alt war, wie du es heute bist. Ich weiß aber, daß ich mich in keiner Sekunde danach gesehnt habe, auf einen Menschen zu schießen. Doch es war Krieg. Da ergab es sich, daß wir auf viele Menschen schossen, auf Polen, Franzosen, auf Engländer, Amerikaner und auf Russen.

Bevor wir schossen, sagten die Befehlenden uns, daß diese Menschen unsere Feinde wären. Ich weiß nicht, ob ich damals einen Menschen getötet habe, aber allein der Gedanke, daß es geschehen sein könnte, läßt mich wohl ein Leben lang nicht mehr los.

Nun frage ich dich da drüben hinter dem Stacheldraht, was haben die Befehlenden dir gesagt, als sie dich mit einer Waffe in der Hand an diese Grenze stellten? Du darfst es nicht sagen? Aber du denkst doch darüber nach? Lasse nicht auch du andere für dich denken. Denn wenn du den Finger erst einmal gekrümmt hast, um auf einen Menschen zu schießen, der doch nur von Deutschland nach Deutschland will, dann wirst du dich dein Leben lang als ein Mörder fühlen, während die, die dir den Befehl gaben, ihre Hände im Wasser der Unschuld waschen ...«

Ein Tunnel nach Kleinmachnow

Im September 1961 war Hans Kramer an einem Sonnabendnachmittag mit seiner Familie von Zehlendorf-Süd aus auf dem Weg zu seinen Eltern in der Laubenkolonie »Feierabend«. Sie gingen die Andreézeile entlang und hatten bald die Laubenkolonie »Förster« passiert.

Die spitze Ecke am Ende der Kolonie »Förster« war beim Aufstellen der Grenzzäune zwischen West und Ost zum Streitpunkt geworden. Landvermesser der DDR hatten festgestellt, daß sich der Grenzstein jenseits der Andréezeile befand. Und weil die Zeit der Kleinigkeitskrämerei Hochkonjunktur hatte, durfte auf nichts verzichtet werden, und wenn es sich dabei nur um ein paar Büschel Gras handelte.

Um die seit Jahrzehnten schnurgerade Straße nicht zu unterbrechen, kauften das Bezirksamt oder die Stadt Berlin ein Privatgrundstück auf und bauten die Straße so aus, daß sie hart an den Betonpfählen des Grenzzaunes vorbeiführte. So entstand oberhalb des zum großen Teil zur Verbesserung der Übersicht abgeholzten Machnower Buschs ein toter Winkel mit einem verödeten Stück Land, das zu nichts nutze war.

In den Tagen wurde besonders in den Laubenkolonien davon gesprochen, daß die »Zone« die ganze Ecke um Düppel herum für sich beanspruchte, weil das Gebiet bis 1928 zum Kreis Teltow gehört hatte. Man tuschelte, daß die Amerikaner, des lieben Friedens wegen, mit der enormen Grenzberichtigung, die ja nicht nur Düppel, sondern auch die vor Kleinmachnow liegenden Neubaugebiete umfassen würde, einverstanden wären.

»Det ist die Amis doch ejal«, meinte Elisabeth Kramer, die

immer schon für Gerüchte ein offenes Ohr gehabt hatte. »Die ziehn eenes Tages von hier ab, und wir Dussels sitzen drin in die Zone.«

Es blieb bei dem Gerücht, und davon gab es jetzt verständlicherweise viele in der Stadt.

Die »Feierabendoma«, wie der elfjährige Joachim sie getauft hatte, stand vorn am Gartentor. »Ihr kommt aber reichlich spät!« rief sie. »Et ist ja schon viere durch, und der Kaffee ist längst fertich. Wat heißt fertich, die erste Kanne wird schon leer sein. Und über mein' Pflaumenkuchen machen sich die Wespen her.«

»Prima! Pflaumenkuchen eß ick gerne!« rief Joachim und lief den Gartenweg entlang um die Wohnlaube herum. Elisabeth Kramer war viel bedächtiger und ruhiger geworden als in früheren Jahren. Und wenn man ihr geduldig zuhörte, was sie über ihre Arbeit als Putzfrau in einer Zehlendorfer Schule und über ihre Kolleginnen zu erzählen wußte, war sie richtig glücklich: »Da ist vielleicht een Ding passiert. Also die Frau Scherman ihr Mann, der war doch im Behring-Krankenhaus. Hab ick ja schon mal erzählt. Und da war eener mit uff den sein Zimmer, den seine Schwester ihr Mann, also wat dem sein Schwager ist, der hat zu Frau Scherman ihren Mann jesagt ...«

Natürlich war es vor allem die Krankheit ihres Mannes, die sie nachdenklicher gemacht hatte. Heute allerdings interessierte Karl sich einmal nicht für seinen Fernseher. Er saß draußen im Schatten der Wohnlaube auf dem sogenannten Hof in einem bequemen Stuhl am gedeckten Kaffeetisch, an dem auch die restlichen Kramers samt Anhang Platz genommen hatten. Und alle griffen sie tüchtig nach Mutters Pflaumenkuchen. Joachim hatte das erste Stück Kuchen bereits verputzt, als die Eltern mit der Oma und seiner Schwester um die Hausecke kamen. Man sah es Vater Kramer an, daß er sich darüber freute, die ganze Familie wieder einmal um sich zu haben. Die beiden Jüngsten Kurt und Helmut waren da, Irene mit ihrem Mann Friedhelm und Tochter Beate. Und jetzt war auch Hans mit seiner Familie gekommen.

Der Kuchenberg nahm rasch ab. Alle mochten ihn so dünn, wie er von der Oma gebacken wurde. Und natürlich mußten viele Pflaumen drauf sein. Die durften nicht so sparsam verteilt sein, wie das bei manchem Bäcker der Fall war. »Bei Bäcker Schlawinsky früher, der vorm Krieg jede Woche eenmal mit seinem Wagen hier raus kam, bei dem haste nich nur bei jedem Happen eene Pflaume jehabt, wie det heute modern ist. Der schmeckte noch richtig nach Pflaume, so wie meiner. Bloß ville dicker war der ... Nee, nich der Bäcker, du Quatschkopp, den Kuchen mein ick.« Elisabeth seufzte. »Der arme Kerl ist 1945 ooch umjekomm. Manche erzähln, die Russen haben ihn erschossen, weil er die Jewehre von die Zehlendorfer Schützen in sein Haus hatte. Andere sagen, der wär ausversehn durch seine Schaufensterscheibe erschossen worden. Schade um den juten Bäcker.«

Selbstverständlich war der Kaffee wieder so stark, daß der Löffel darin stehen konnte. Da wurde genausowenig gespart wie bei den Zigaretten und natürlich redete man sich die Köpfe heiß über das neueste Ereignis, das in der Kolonie rasch seine Runde gemacht hatte: Ganz in der Nähe war ein Fluchttunnel gebaut worden.

Die neue Siedlung, die zwischen der Laubenkolonie und der Eisenbahn auf dem früheren Feld enstanden war, grenzte direkt an die Eigenheimsiedlung von Kleinmachnow. Bis zum August 1961 gab es da nur normale Gartenzäune dazwischen. Die Menschen waren, wenn auch nur für die Zeit eines Jahres, direkte Nachbarn. Jetzt hatten die Machnower, die am Wolfswerder wohnten, große Teile ihrer Gärten für den Bau der Grenzsperranlagen hergeben müssen. Da half kein Murren und kein Klagen. Es handelte sich schließlich um MASSNAHMEN ZUR SICHERUNG DER STAATSGRENZEN DER DEUTSCHEN DEMOKRATISCHEN REPUBLIK. Da hatte jedes persönliche Interesse zurückzustehen. Auch hier wurden später aus den Zäunen hohe Mauern.

»Ja, da hat nun eener von die Leutchen, die uff unsere Seite wohnen, von seinen Garten aus een Tunnel nach drüben jebuddelt«, erzählte Kurt. »Weeßte, Langer, etwa an die Stelle, wo wir immer nach Kleenmachnow rin sind, wenn wa in die Kammerspiele jehn wollten.«

»Da wo der Reitlehrer aus Düppel sein Jrundstück hat«, ergänzte Elisabeth. »Da ist der durch.«

»Aber das sind doch etliche Meter«, gab Hans zu bedenken. »Daß der Tunnel nicht zusammengebrochen ist bei dem sandigen Boden hier in der Gegend.«

»Darunter ist Lehmboden«, erklärte Karl. »Wie hier bei uns. Mußt du doch noch von deiner Buddelei von früher her wissen.«

»Det ist ja ooch unwichtich«, platzte Elisabeth dazwischen. »Wichtich ist, det se den drüben jleich geschnappt und beim Schlafittchen hatten. Die Vopos oder die ihre Jestapo da haben ihn verhört und nach'n paar Tagen übern Bahnhof Friedrichstraße wieder abjeschoben.«

»Abgeschoben?« fragte Irma verwundert. »Der wollte doch bestimmt Leute von drüben rüberholen, und da ...«

»Denkste, det hat der die jesagt?« lachte Kurt. »Schön doof, wenn der die det uff die Neese jebunden hätte. Der soll die da drüben erzählt haben, det er selbst von West-Berlin aus türmen wollte und det er dafür nur den eenen Weg jesehn hätte.«

»Nun hört man langsam auf mit euren Räubergeschichten«,

winkte Karl ab. »Ihr macht immer noch mehr daraus. Wer weiß denn, was sich da wirklich zugetragen hat?«

»Jedenfalls wolln die da drüben überhaupt keenen von uns haben«, stellte Elisabeth lakonisch fest. »Nur die, die vorher rüber sind, wie dem ollen Laube seine Selma, die müssen se ja nun behalten. Ach, der Olle redet ja kaum noch mit 'nen Menschen, so sehr jeht dem die Trennung von Selma uffs Jemüt.«

»Laube war doch, solange ich zurückdenken kann, ein überzeugter Kommunist«, sagte Hans. »Selbst unter Hitler. Da müßte ihm das doch eigentlich nichts ausmachen, daß seine Tochter nach Teltow geheiratet hat. Da lebt sie doch jetzt in einem kommunistischen Staat.«

Karl schüttelte nachdenklich den Kopf. »Das stimmt schon. Aber in der letzten Zeit ist er gar nicht mehr so überzeugt. Vom Kommunismus schon. Dazu steht er nach wie vor. Da sind aber viele Dinge, die ihn an den Ulbricht-Leuten stören.«

»Und darüber spricht der nich!« rief Elisabeth dazwischen. »Det frißt der lieber in sich rin. Der hat sehr an seine Älteste jehangen. Hinzu kommt noch, det er immer schlechter kneisten kann. Hat wohl 'n Jrauen Star oder sowat.«

Sie kamen von dem Thema ab, als Kurt seinen älteren Bruder fragte: »Du, sag mal, Langer, wo du doch jetzt im Betriebsrat bist, habt ihr in euren Laden nicht 'ne vernünftije Arbeit für mich? Ick will mir verändern, weeßte, muß unbedingt mehr Mäuse machen.«

»Du willst doch nicht etwa heiraten?« fragte Irma.

»Der und heiraten!« rief die Mutter. »Aber vielleicht muß er det sojar bald. Wenn der Dussel weiter so im Düppeler Forst mit die kleenen Meechens aus die Eisenbahnerkolonie rummacht und dabei nich uffpaßt ...«

»Wat heißt denn, rummacht, he?« Kurt winkte lässig ab. »Laß man jut sein, Mutter. Die Mädels, die icke kenne, die haben alle Betten. Da ist nischt mit Düppeler Forst und so. Denkste denn, Langer, da wäre wat in Aussicht bei euch für mich?«

Hans zögerte mit der Antwort. Natürlich waren jetzt nach dem Ausfall der Leute aus der DDR viele Arbeitsplätze frei, die auch unbedingt besetzt werden mußten. Hinzu kam, daß die westdeutsche Konzernleitung mit dem Betrieb in Berlin einiges vorhatte, was eine Aufstockung der Belegschaftszahlen bedeuten konnte. Hans wußte darüber einiges. Denn er war seit 1960 Arbeitnehmervertreter im Aufsichtsrat.

Andererseits war es nicht gutgegangen vor ein paar Jahren, als er seinem Bruder Gerhard Arbeit im Betrieb beschafft hatte. Eigentlich war er nicht bereit, noch einmal die Vermittlerstelle für einen seiner Brüder zu übernehmen, andererseits ...

»Ihr müßt doch gerade jetzt knapp dran sein mit Arbeitern«, sagte der Vater vermittelnd, »wo doch die ganzen Ostler fehlen.«

»Das stimmt schon«, meinte Hans zögernd. »Wir stellen jetzt verstärkt Italiener, Spanier und Jugoslawen ein. Wer will denn von den Zehlendorfern in drei Schichten arbeiten?«

»Nee, du, damit jeh mir weg!« protestierte Kurt sofort. »Nachtschicht und so, det ist bei mir nich drin. Weeßte, nachts will ick nämlich schlafen.«

»Aber natürlich nicht im eigenen Bett«, stichelte Schwager Friedhelm, »wo seine Freundinnen doch alle Betten haben. Warum kommst du nicht wieder zu uns zum Tiefbau zurück?«

»Bei euch, det ist ja noch schlimmer, da lernt man doch zuerst, det et keene leeren Bierflaschen uff Erden jeben darf.«

»Das brauchst du doch nicht erst zu lernen.«

»Ich werd's versuchen«, gab Hans nach und erntete dafür

einen fragenden, leicht zweifelnden Blick von seiner Frau. »Ihr wißt ja, wie das mit Gerhard damals ausging.«

»Also weeßte, Langer, bin ick vielleicht Gerhard?«

Elisabeth räumte die leeren Bierflaschen vom Tisch. »Ick denke, wir jehen jetzt besser rin, wird langsam kühle. Nachher wird det mit Vatern wieder schlimmer. Könnt mir ja bei Abendbrotmachen helfen, Mädels.«

Hans blickte über die Nachbargärten und erinnerte sich dabei ein bißchen an seine Jugendzeit. »Den Taubenschlag hat Laube ja immer noch auf dem Dach?«

»Aber schon lange keene Tauben mehr.«

Alles ist wichtig, Selma

Seit der Schließung der Grenzen und dem Beginn des Mauerbaus war ein Jahr vergangen. Als Verbindung mit der Bundesrepublik waren den Westberlinern drei Transit-Autobahnstrecken, die Eisenbahn und drei strikt einzuhaltende Luftkorridore geblieben. Vor wenigen Tagen, am 17. August 1962, war der achtzehnjährige Ostberliner Peter Fechter bei einem Fluchtversuch von Grenzsoldaten der DDR angeschossen wurden. Ohne jede Hilfeleistung war er danach auf Ostberliner Gebiet verblutet.

Darüber hatte Selma Grützke in Teltow im Neuen Deutschland, der einzigen Tageszeitung, die ihr Mann im Hause duldete, nicht ein einziges Wort gelesen. Es stand auch nicht in der Zeitung, daß die gezielten Schüsse als richtig und zweckmäßig angesehen wurden und die beiden Schützen, ein Unteroffizier und ein Oberfeldwebel, dafür von ihrem Oberst mit einer Prämie ausgezeichnet wurden.

Harald erlaubte seiner Frau auch nicht, einen dieser »von imperialistischen Aggressoren und Kriegsbrandstiftern gesteuerten westlichen Sender« einzuschalten, weder den Rundfunk, noch das Fernsehen. »Wenn du etwas über die Planerfüllung in unserem sozialistischen Arbeiter- und Bauernstaat erfahren willst, Selma«, redete er dann oft wie ein Sprechautomat, »dann hörst du das sowieso nur aus unseren Nachrichten.« Das Kosewort »Selmalein« war nach einem Jahr Ehe längst passé.

Jetzt, kurz bevor die kleine Bäckerei, in der Selma als Verkäuferin arbeitete, Mittagspause machte, stand sie hinter dem Ladentisch und blickte abwesend durch das große Eckfenster über den stillen, von der Sonne beschienenen ehemaligen Marktplatz, auf den Baumreihen ihre Schatten warfen. Alte Teltower Bauernhäuser, eine Gastwirtschaft und das Rathaus bildeten ein Karree, in dessen Mitte die dicht belaubten Äste eines alten Baumes ein Dach über dem Mahnmal für die Opfer des Krieges und des Faschismus bildeten. An den Masten davor rote Fahnen und die schwarz-rot-goldene Fahne mit dem DDR-Emblem Hammer und Zirkel. Selma wußte nicht, aus welchem Anlaß die Fahnen heute schlaff und bewegungslos in der Sonne hingen. Hier gab es ständig irgendwelche Tage, an denen irgend etwas besonderes begangen und gefeiert wurde.

Pünktlich schloß sie die Ladentür ab. Während sie die weiße Schürze ablegte, glitt ihr Blick kurz über die Regale mit dem Brot, das am frühen Vormittag aus dem Ofen gekommen war und den Raum jetzt mit angenehmem Duft von frisch Gebackenem erfüllte. Die Schrippenfächer waren schon fast leer. Das war jeden Tag so. Schrippen gab es morgens, Brot etwas später. Natürlich wurde auch Kuchen gebacken, an den Wochenenden auch verschiedene Torten. Jetzt lag Streuselkuchen und Bienenstich in der Glasvitrine. Der letztere war mit einer Puddingmasse gefüllt, mit »Plaste und Elaste«, hatte eine Kundin scherzhaft gesagt, als sie einmal mit Selma allein im Geschäft war.

Ihrem Mann paßte es überhaupt nicht, daß sie hier Backwaren verkaufte. »Das liegt doch völlig unter deiner Qualifikation, Selma. Du kannst Schreibmaschine schreiben, hast eine kaufmännische Ausbildung und verkaufst jetzt Brot.«

»Ja und? Brauchen die Leute hier etwa kein Brot?« hatte sie schnippisch geantwortet. »Es macht mir Spaß, dabei mit allen möglichen Leuten zu reden, wenn ich auch weniger verdiene als du im Werk.«

Weil er wußte, wie starrköpfig sie sein konnte, und Streit vermeiden wollte, sagte er jedesmal nur: »Darüber müssen wir uns einmal ausführlich unterhalten.«

Sie ging nach hinten in die Backstube, sagte dem Meister Bescheid und verließ das Haus. Ihr Heimweg war nur kurz. Sie wohnten nur zehn Minuten entfernt in der Ritterstraße hinter der Evangelischen Kirche in einem älteren Haus, das der Mutter ihres Mannes gehörte. An seinen Vater konnte Harald sich nicht mehr erinnern. Er war erst zwei Jahre alt, als dieser Soldat wurde. Zwischen dem Polen- und dem Frankreichfeldzug und dann noch einmal, kurz bevor er an die Ostfront mußte, war Max Grützke auf Urlaub gekommen. Danach galt er als vermißt. Wahrscheinlich war er gefallen.

Als Selma noch bei ihrem Vater und ihrer Schwester drüben in Zehlendorf in der Laubenkolonie wohnte, war sie kaum einmal nach Teltow gekommen. Was sie heute über die alte Kreisstadt wußte, hatte sie in groben Umrissen von ihrer Schwiegermutter erfahren, die hier geboren wurde und abends gern über die Zeit vor dem Krieg erzählte.

Im Gegensatz zu Selma, die Geschichten aus der Vergangenheit mochte, war Harald jedesmal sauer, wenn seine Mutter anfing, über die Jahre zu reden, in denen der Ruhlsdorfer Platz noch Hindenburgplatz hieß.

»Hör doch endlich auf damit, Mutter, immer von damals zu erzählen«, hatte er erst vor einigen Tagen geschimpft. »Was *heute* in unserem Staat vorgeht, das ist wichtig. Was einmal in Brandenburg und Preußen passierte, das kann uns nur als Beispiel einer unheilvollen Vergangenheit vor Augen stehen. Und dann noch dieser Hindenburg! Der hat wesentlich zur Machergreifung Hitlers beigetragen.«

»Deswegen hieß der Platz damals noch Hindenburgplatz,

Junge!« rief die alte Frau ihrem Sohn nach, als der wütend das Zimmer verließ, und erzählte weiter: »Damals fuhr die Straßenbahn 96 von der Behrenstraße in Berlin durch Lankwitz, kam über den Platz und fuhr durch Teltow bis zur Machnower Schleuse. Da fuhren die Berliner gerne hin, denn das war eine Sehenswürdigkeit. Ja, den einen Straßenbahnfahrer aus den dreißiger Jahren, den habe ich noch ganz persönlich gekannt. August Zimmeck hieß der. Hat später drüben in Zehlendorf in der Fabrik gearbeitet, bis er dann in den fünfziger Jahren gestorben ist. Mit seiner Frau war ich befreundet. Die war Köchin in der Teltower BIOMALZ-Fabrik.«

»Seit wann fuhr denn die 96 durch Teltow?« fragte Selma interessiert. »Seid ihr früher oft nach Berlin reingefahren?«

»Nicht oft«, sagte Frau Grützke. »Eigentlich ganz selten einmal. Dafür war damals keine Zeit. Was sollten wir auch in Berlin? Für große Einkäufe fehlte uns das Geld. Seit wann die 96 fuhr ...?« Sie überlegte eine Weile, schüttelte dann den Kopf. »Genau weiß ich das gar nicht, aber eigentlich solange ich zurückdenken kann. Ganz früher, noch zur Kaiserzeit, da fuhr eine Dampfstraßenbahn von Groß-Lichterfelde bis zur Machnower Schleuse.«

»Hier durch die Straßen?«

»Natürlich durch die Straßen. Wir Kinder sind dann immer rasch noch über die Schienen gesprungen, bevor sie angeschnauft kam, obwohl uns die Erwachsenen deswegen ausschimpften. Soweit ich das noch in Erinnerung habe, machten die Lokomotiven nicht so viel Lärm wie später die Elektrischen, die in der Kurve zum Gotterbarmen quietschten. Und dann überall die Leitungsmasten und Oberleitungen, die abends grelle Funken versprühten.«

»Als die Dampfstraßenbahn fuhr, gab es doch nur die Pferdewagen der Bauern.«

»Nur Pferdegespanne gab es. Die Bauern hatten ihre Scheunen zum großen Teil östlich von Teltow nach Seehof zu. Da war ein richtiges Scheunenviertel. Aber dann im Krieg, der große Bombenangriff auf die Stadt ... Da ist sehr viel kaputt gegangen.«

Selma betrat das Haus über den Hof. Der vordere Eingang wurde nie benutzt. Ein paar Hühner pickten im spärlich gewachsenen Sommergras herum. Ein langes Stallgebäude nahm die rechte Hofseite ein. Hinter der ersten Stalltür war das Klosett. In einer Wohnlaube aufgewachsen, war Selma daran gewöhnt, daß dieses Örtchen außerhalb des Hauses und im Winter recht kalt war. Harald hatte sich vorgenommen, ein Badezimmer mit Toilette einzubauen. Dafür mußte er aber erst einmal an das benötigte Material herankommen. Eine Badewanne lag schon ordentlich zugedeckt im Stall.

Die alte Frau Grützke bewohnte die untere Etage, in der sich auch die Küche befand. Sie kochte für die jungen Leute mit. Gegessen wurde wochentags erst am Spätnachmittag, wenn Selma aus der Bäckerei und Harald aus der Fabrik kamen. Die Wohnung in der ersten Etage bestand aus zwei nicht sehr großen Zimmern und einer Kammer, aus der schon bald ein Kinderzimmer werden sollte. Selma war im zweiten Monat schwanger.

Auch heute, bevor sie in der zweistündigen Mittagspause ihrer Hausarbeit nachging, stand sie erst eine Weile an dem weitgeöffneten Fenster, das den Blick freigab über Hof, Garten, Grenzstreifen und Kanal auf das vom Grün der Bäume verdeckte Dorf Schönow und auf Zehlendorf-Süd. Ihr früheres Zuhause lag weiter weg nach Düppel zu, hinter den Neubausiedlungen, die im Süden Zehlendorfs entstanden waren. Doch alles, was sie von ihrem Fenster aus jenseits des Kanals sehen konnte, gehörte zu West-Berlin. Es war zum Greifen nahe und doch so unerreichbar. Rechts sah sie ein Stück der über den Kanal führenden Stahlfachwerkbrücke, die nach dem Krieg wieder aufgebaut worden war, um die Verbindung zwischen Teltow und Zehlendorf zu erhalten, und die heute wie ein für alle Ewigkeit verschlossenes Tor wirkte.

Rasch wandte sich Selma ab. Es gab ja wenig Sinn, ständig darüber nachzudenken, was wäre wenn ... Sie ging nach vorn ins Wohnzimmer, öffnete beide Fenster zur Ritterstraße, blickte auf die alten Giebel der Feuerwache und auf die Uhr am Kirchturm. Durch die Bäume hindurch leuchtete das Rot von einem Transparent, doch kaum jemand schenkte diesen abgedroschenen Parolen, die darauf geschrieben standen, Beachtung. Sie holte das Staubtuch und fuhr damit über die alten und neuen Möbel, die in keiner Weise eine besonders wohnliche Einheit bildeten. Den größten Teil der einen Wand nahm ein Regal voller Bücher ein. Sie selbst hatte nur ein paar ihrer Lieblingsromane mit in die Ehe gebracht. Den meisten Platz nahmen Haralds Bücher ein. Da war eine lange Reihe mit den Werken von Marx und Lenin. Selma hatte die Bände bisher nur abgestaubt, selten einmal flüchtig darin geblättert. Dann gab es eine Menge Literatur der Sozialistischen Einheitspartei. Sie zog einen schmalen rotbraunen Band aus der Reihe. DER NEUE KURS UND DIE AUFGABEN DER PARTEI, las sie laut, »Referate der Genossen Otto Grotewohl und Walter Ulbricht zur 15. Tagung des Zentralkomitees der SED vom 24. und 26. Juli 1953.« Ist doch eine Ewigkeit her, dachte sie. Ihr Mann studierte das alles immer wieder an den Abenden, an denen sie viel lieber den Fernsehapparat eingeschaltet hätte. Doch das störte ihn bei seiner Lektüre.

»Selma«, hatte er erst am gestrigen Abend gesagt, als er sich ankleidete, um zum Rathaus zu gehen. Seit dem Frühjahr gehörte er dem Rat der Stadt an. »Hier, das ist etwas für dich.« Er hatte ihr eine Broschüre mit silberfarbenem Einband in die Hand gedrückt, SCHLAG NACH – DER SIEBENJAHRESPLAN DER DDR. »Hier werden alle wichtigen Begriffe mit einfachen, verständlichen Worten erklärt, hier ...«

»Was heißt einfach und verständlich?« hatte sie gemurrt. »Bin doch nicht doof.«

»So meine ich das auch gar nicht. Aber hier zum Beispiel: Was ist eine Brigade der sozialistischen Arbeit? Ist doch wirklich interessant für dich.«

»Und warum muß ich das unbedingt wissen?« fragte sie. »Ich arbeite nicht in einer Brigade.«

»Aber ich!« reagierte er ärgerlich. »Du mußt das wissen, weil – weil es das Ziel unserer Brigaden ist, sozialistisch zu arbeiten, zu lernen und zu leben. Begreif doch endlich, daß du jetzt in einem Staat lebst, dem, im Gegensatz zu den kapitalistischen Ländern, jeder in kalten Egoismus ausartender Individualismus fremd ist. Die Brigaden sorgen dafür, daß die vorgegebenen Sollzahlen Wirklichkeit werden. Im Jahr 1965 haben wir einen so hohen Lebensstandard erreicht, wie es ihn noch nie in Deutschland gegeben hat. Verstehst du nun, warum du hier mal reinblicken sollst? Und zur Erfüllung dieser Aufgaben trägt jetzt ganz wesentlich die Sicherung unserer Staatsgrenzen bei, auch wenn du das immer noch nicht einsehen willst.«

Selma seufzte. »Ich verstehe zwar die Zusammenhänge nicht ganz, aber ich werde das durchlesen, wenn es dir so wichtig ist.«

»Alles ist wichtig, Selma! Jeder einzelne Schritt in eine bessere Zukunft ist wichtig. Du hättest früher mehr auf deinen Vater hören sollen, denn als alter Kommunist versteht er die Zusammenhänge. Wir hier wissen genau, was wir wollen. Und im Gegensatz zu denen da drüben halten wir auch ein, was wir versprechen.«

»Wirklich?« fragte Selma mit spöttischem Klang in der Stimme. »Hatte Ulbricht nicht einige Wochen vor dem 13. August 1961 erklärt, daß der Gedanke von einem Mauerbau von der westlichen Propaganda stammt, das die Maurer der DDR wirklich anderes zu tun hätten, als eine Mauer in Berlin zu bauen.«

»Manche Beschlüsse müssen eben kurzfristig gefaßt oder geändert werden«, antwortete Harald, während er ein frisches Hemd überzog. »Aber Schluß damit.« Er griff nach der Krawatte, die Selma ihm hinhielt. »Bin so gegen elf zurück. Du wartest doch auf mich?«

»Ich warte, werde mich bilden und schon ein bißchen auf 1965 freuen.«

Teltow – Der Ruhlsdorfer Platz im Jahre 1961. In früheren Jahren fuhr die Straßenbahn 96 von der Behrenstraße in Berlin bis zur Machnower Schleuse.

Der Teltower Marktplatz mit dem alten Rathaus an der Ritterstraße.

Mit Pfiffifax und Rüpel

Obwohl der Autobus am Abend im DDR-Teil des Kontrollpunktes DREILINDEN beinahe zwei Stunden warten mußte, bevor die Insassen von den Grenzern und Zöllnern in kühler, sachlicher Form abgefertigt wurden, war die Stimmung im Bus ausgezeichnet. Dafür sorgten die flotten, von Friedel Hensch und den Cyprys gesungenen uralten Melodien der Tonbandkassetten »Als Oma noch kniefrei ging« und »Als Opa noch schwofen ging«, die der Busfahrer über die Bordlautsprecher abspielte. Schlager wie »Ich reiß mir eine Wimper aus und stech dich damit tot« wurden nicht nur von den zum größten Teil älteren Fahrgästen schmunzelnd aufgenommen. Auch die sechs Schlosser- und Elektrikerlehrlinge, die in Begleitung von Hans Kramer nach Oberbayern fuhren, wo sie einen dreiwöchigen Erholungsurlaub verbringen sollten, sangen kräftig mit. Und wenn sie etwas hörten, das ihnen unbekannt war, wie zum Beispiel: »Tante Paula liegt im Bett und ißt Tomaten«, dann brüllten sie vor Lachen.

Herbert mit den feuerroten Haaren, den sie »Rüpel« nannten, schlug seinem Nachbarn begeistert in die Rippen. »Mann, Pfiffifax, hör dir det nur an! Sowat ist doch jenau so fetzig wie Beat oder Rock, wat? Habt ihr die ollen Schoten schon mal jehört, Jungs?«

»Det ist wat für die ollen Knacker da vorn, du Hirni, für det Friedhofsjemüse«, antwortete der mit Pfiffifax angesprochene Elektrikerlehrling. »Siehst ja, die Omas und Opas bepinkeln sich doch jlatt dabei. Bei mir rührt sich da nischt.«

Hans ließ sie reden. Sie saßen ja in beiden hinteren Reihen. Hier wippte der Bus zwar stärker, wenn er durch eines der unzähligen Schlaglöcher fuhr, die es auf den Autobahnen durch Brandenburg und Sachsen gab, aber dafür waren sie hier hinten ungestört.

Seit gut zehn Jahren schickten die CHEMIE-FASER-WERKE in regelmäßigen Abständen jeweils sechs Betriebsangehörige, die vom Werksarzt als erholungsbedürftig angesehen wurden, nach Bayern. Das große Haus, ehemals Villa eines Schokoladenfabrikanten, das oberhalb von Westerham auf einer Anhöhe lag und den Blick freigab auf das Alpenpanorama zu beiden Seiten des Wendelsteins, wurde vom Berliner Roten Kreuz verwaltet und betreut. So konnten in der Hauptsache ältere Berliner, die sonst kaum einmal aus der eingeschlossenen Großstadt herauskamen, hier erholsame Tage verbringen. Aber auch der Zehlendorfer Betrieb hatte ein paar Zimmer im vorderen Teil des Hauses gemietet, die ihm das ganze Jahr über zur Verfügung standen.

Hans kannte sich hier schon aus. 1959 war er mit fünf weiteren Kollegen bereits einmal in der schönen Gegend gewesen. Damals mußten die beiden Männer, die in der »Zone« wohnten und im Werk arbeiteten, auch schon auf dem Luftweg bis nach München fliegen. An den Grenzen wären sie sonst nicht durchgekommen. Sie hätten ja eventuell im kapitalistischen Westen bleiben können. Als ob das nicht auch auf anderen Wegen möglich gewesen wäre – damals! Jetzt gab es diese »Grenzgänger« nicht mehr. Dafür waren die Kontrollen wesentlich schärfer geworden.

Noch standen sie ja in Dreilinden, und Rüpel rief: »Nun kiekt euch diese Nappkuchen an! Die stochern sojar in die Autotanks. Dabei könnte sich da drin höchstens so'n Winzling wie Pfiffifax verstecken.«

»Paß du bloß uff, det die dir nich als Tankverschluß benutzen«, bekam er zur Antwort. »Siehste denn nich, det die da drüben sojar Spiegel uff zwee Räder haben, die se unter die Autos schieben, falls sich da eener mit de Hände und Beene an den heißen Auspuff festjeklammert hält.«

An der Grenze bei Hirschberg mußte der Bus noch einmal anderthalb Stunden warten, bevor sie weiterfahren durften. Dabei schliefen die meisten.

Der Oktober 1962 war noch schön sonnig und warm. Die Badeanstalt von Westerham, die der Mangfall mit Wasser versorgte, war aber schon geschlossen. Als der kleine, flinke Pfiffifax eine Lücke im Drahtzaun entdeckte, sagte er zu den anderen: »Ick krauche mal da durch und teste det Wasser, ob da wirklich keener mehr drin baden kann.«

Er war kaum verschwunden, da näherte sich eine Einheimische auf dem Fahrrad, die in Hans sofort den Verantwortlichen erkannte. »San's Sie der Führer?« rief sie vom Rad springend.

»Grüß Gott«, sagte Hans. Er blieb völlig ernst, als er antwortete: »Aber verehrte Dame, der Führer hat sich doch 1945 das Leben genommen.«

Zuerst sah sie ihn verblüfft an, dann aber lachte sie und drohte Pfiffifax, der wieder durch die Zaunlücke zurückkam, mit dem Finger. Der verkündete unbeeindruckt: »Also det kalte Wasser da, wa, det ist noch janz jut zu ertragen. Ick hab sojar een Been rinjehalten.«

Es stellte sich heraus, daß die Frau für die Badeanstalt zuständig war. »Lassen S' mich aber raus!« rief die Frau, als sie den Berlinern die Tür öffnete. »No ja, schaut's nur, daß ihr euch nicht verkühlt.«

Zwei Tage später, als Hans mit der Gruppe über einen schmalen Wiesenweg nach Westerham hinunterwanderte, kamen ihnen an die zwanzig Kinder entgegen, die von zwei

Nonnen begleitet wurden. Hans, der meistens hinten ging, rief nach vorn: »Ringt euch mal ein schönes "Grüß Gott" ab, Leute!«

Rüpel drehte den in der Sonne noch rötlicher leuchtenden Kopf. »Zu sone netten Schwestern sagen wir immer schön Jrüß Jott!«

Als die Kinder mit den Schwestern vorbei waren, hörte Hans, wie die eine erklärte: »Das waren welche von diesen Gammlern, Kinder, aber nette.«

Wie sorglos hier manche Menschen an dem Tages- und Weltgeschehen vorbeilebten, erfuhren sie, als sie an einem Nachmittag durch das Dorf Feldkirchen kamen, wo sie in einem Gasthaus kegeln wollten. Vor einer Baustelle saßen drei Arbeiter in der Sonne und machten Brotzeit, die allerdings mehr aus Bier als aus Brot bestand. »Na Prösterchen denn ooch!« rief Rüpel übermütig, und Pfiffifax ergänzte: »Und eenen juten langen Schluck!«

»Kommt's aus Berlin?« fragte einer der Maurer. Und als sie das bestätigten: »Sad's aus West- oder aus Ostberlin?«

Der schlanke, hochaufgeschossene "Männe" Bauer blieb stehen und erklärte: »Aus Ostberlin kann keiner hierher, schon gar nicht in uns'rem Alter. Dafür sorgt die Mauer in Berlin.«

»A Mauer habt's da in Berlin? Bist narrisch!« rief der Maurer, bevor er die Bierflasche zum nächsten Schluck ansetzte.

»Narrisch sind die, die uns die Mauer durch die Stadt gebaut haben«, sagte Männe und folgte den anderen. »Entweder wollten die uns verkackeiern oder die Leute sind hier so nebbich.«

»Wat kümmerts die Landeier hier, wat in Berlin los ist«, meinte ein anderer Lehrling. »Hauptsache, die pflegen ihren Mollenfriedhof. Die rechnen uns doch heute noch vor, det sie bis siebenundfuffzich für's Notopfer Berlin blechen mußten.«

»Wat for Notopfer«, fragte Rüpel. »Weeß ick ja janischt von.«

»Du mit deine Bildungslücken weeßt manchet nich«, hielt Pfiffifax ihm vor. »Aber mal ehrlich, Männer, mußten die Berliner mal für die Bayern hier wat opfern?«

»Nee, umjekehrt, du Kanonenstöpsel!«

Als Hans Kramer 1969 noch einmal mit einer Lehrlingsgruppe, diesmal mit sechs Jungen und sieben Mädchen aus den Betriebslabors nach Bayern kam, sah manches anders aus. Nein, nicht zwischen Westerham und Feldkirchen. Hier schien die Zeit stehengeblieben zu sein. Immer noch schlängelten sich die Bäche ohne Rast und Ruh durch die Wiesen hinab zum Mangfall. Immer noch tönten die Kuhglocken von den Weiden am Waldrand, wo ein bekannter Geiger der dreißiger und vierziger Jahre ein Bauernhaus bewohnte. Immer noch machten die Einheimischen einen Bogen um das Mausoleum im Wald, das der Schokoladenfabrikant einst für sich und seine Familie erbauen ließ. Und immer noch bot der aus Ostpreußen stammende Busbesitzer Wuhledeit den Gästen seine "Vier-Seen- und Drei-Schlösser-Fahrten" an. Und wie damals kam der Landwirt morgens mit Traktor und Anhänger auf die Wiese unten am Hang und mähte das taufrische Gras für sein Vieh. Wenn Hans gegen Mittag mit den Auszubildenden durch Feldkirchen kam, standen Traktor und Anhänger vor der Wirtschaft, wo der Bauer immer noch seine zweite Brotzeit machte. Nur das Gras sah jetzt nicht mehr ganz so frisch aus. Nein, hier schien alles spurlos vorbeizugehen.

Anders war es dagegen an den innerdeutschen Grenzen. Alles war nun größer und endgültiger geworden. Der sogenannte Todesstreifen war breiter, besser beleuchtet, stärker befestigt, viel gefährlicher; die Abfertigungsgebäude und Anlagen gewaltiger, bis ins Kleinste durchdacht und bedrohlicher. Das Durchfahren war zu einem einzigen Slalomkurs geworden, mit Sperrbalken, die bei Bedarf blitzschnell aus ihren Verankerungen geschossen kamen. »Für die Ewigkeit gebaut«, hatte der Generalsekretär der SED und Vorsitzende des Staatsrates Walter Ulbricht der ganzen Welt verkündet. Und sie bauten immer noch weiter aus. Die Abfertigung verlief nun nach einem genau eingeübten Reglement. Routine auch bei den LKW-, Bus- und PKW-Fahrern, die dieses kompliziert angelegte Abfertigungssystem des öfteren durchfahren mußten.

Auch auf Seiten der Bundesrepublik und West-Berlins baute man aus. Nördlich der Zehlendorfer Königswegbrücke war eine richtige kleine Stadt mit Abfertigungsrampen, Kontrollschaltern, Informationsbüros, Restaurant und Großtankstelle entstanden. Es gab Gebäude für die Polizei und den Zoll, und es gab große Parkplätze, die als Stauräume gedacht waren für Tage mit besonders hohem Verkehrsaufkommen. Und es gab nicht wenige Leute, die sagten: »Alles nur Politikergerede mit der Wiedervereinigung. Das ist doch alles so vollendet gebaut, als ob die da oben, die Regierenden, sich längst damit abgefunden haben.«

Orlando aus Spanien

Bereits vor 1961, als die Grenzgänger noch aus der Umgebung Teltows zum Arbeiten in den Betrieb kamen, gab es in den Zehlendorfer Faser-Werken eine ganze Anzahl von Ausländern. Von den einheimischen Betriebsangehörigen wurden sie noch als Exoten angesehen und bestaunt. Die meisten waren sogar stolz darauf, einen Spanier, Portugiesen oder Italiener etwas persönlicher zu kennen. Worte wie »Kameltreiber«, »Makkaronifresser« oder »Kanake« waren höchst selten.

Nach dem Bau der Mauer nahm der Zustrom ausländischer Arbeitskräfte stark zu. Sie wurden nicht nur in der Zehlendorfer Fabrik gebraucht. Arbeiter fehlten plötzlich überall in der Stadt. Sie fehlten besonders auf Arbeitsplätzen, die von den Deutschen gerne gemieden wurden, in Betrieben, die in der Hauptsache schwere Tätigkeiten, wie Be- und Entladearbeiten, anzubieten hatten, und in Firmen, in denen es Schichtarbeit gab.

Die Faser-Werke brauchten schon bald einen festangestellten Dolmetscher. »Die Verständigung mit den Händen allein funktioniert nicht mehr«, sagte die Personalchefin in einem Rundfunk-Interview. »Wenn die Zahl der Gast-Arbeiter bei uns weiter so zunimmt, werden wir sicher Deutschkurse durchführen müssen, vielleicht in Verbindung mit unseren Wohnheimen.«

Gast-Arbeiter und Ausländer-Wohnheime, das waren die neuen Begriffe, die in der ersten Hälfte der sechziger Jahre in der Bundesrepublik und in West-Berlin rasch die Runde machten. So trennten sich Sprache und Begriffe, denn zur gleichen Zeit wurde in der DDR verstärkt von Kollektiven und Brigaden in den Kombinaten und Volkseigenen Betrieben, Handelsorganisationen und Landwirtschaftlichen Produktions-Genossenschaften geredet. Alles Worte, die den Westberlinern kaum richtig über die Zunge gehen wollten und deren Sinn erst nach langen Erklärungen verstanden wurde.

In West-Deutschland wurde später versucht, ein besseres und schöneres Wort für die Bezeichnung »Gast-Arbeiter« zu finden. Gäste, die bei uns arbeiten mußten, die dazu noch zum großen Teil für »niedere« Arbeiten eingestellt wurden, das konnte doch nicht das Gelbe vom Ei sein. Als der Westdeutsche Rundfunk am 8. Januar 1971 eine Umfrage in dieser Richtung veranstaltete, gingen aus der Bevölkerung 32.000 Einsendungen ein. Die Vorschläge waren dann auch dementsprechend vielfältig. Namen wie »Konjunkturschwalben«, »Solidaros«, »Pioniere Europas« oder »Gastbürger« tauchten auf. 1,2 Prozent der Zuschriften enthielten aber auch bösartige Schmähungen, wie »Drecksäue«, »Gaskammermaterial« und Schlimmeres. Am Ende blieb es doch beim »Gast-Arbeiter«. Die von vielen Betrieben direkt in ihren Heimatländern Angeworbenen brauchten hier natürlich Unterkünfte. Die Faser-Werke mieteten alte Villen in Schlachtensee, Nikolassee und in Lichterfelde und richteten die Räume, oft zum Unwillen der Nachbarschaft, einigermaßen wohnlich her. Unmöglich konnten sie im »Grünen Bezirk Zehlendorf« zwischen all den Villen, Einfamilienhäusern und Beamtensiedlungen Baracken aufstellen. Hausmeisterehepaare wurden eingestellt, eine Hausordnung ausgearbeitet und fertig waren die ersten Gast-Arbeiter-Wohnheime.

Während einer Weihnachtsfeier 1962 im Wohnheim Schlachtensee lernte Hans Kramer den einundvierzigjährigen Spanier Orlando kennen. Im Aufenthaltsraum des Heimes hatten Italiener, Spanier und Portugiesen eine große, selbstgebastelte Weihnachtskrippe aufgebaut, die auch von den beiden Türken, trotz ihrer anderen Religion, gebührend bewundert wurde. Der Hausmeister sorgte für den Weihnachtsbaum und seine Frau für die festlich gedeckten Tische. Das Essen kam aus der Küche des Betriebes und war ganz nach dem Geschmack der Hausbewohner zubereitet worden. Genauso verhielt es sich mit dem Wein, der aus Italien und Spanien kam. Vor dem Essen sprachen der evangelische Pfarrer aus der Gemeinde Schönow und ein älterer Monsignore aus Italien. Die Personalchefin wollte erst nach dem Essen das Wort ergreifen. »Dann sind die Augen nicht mehr so hungrig auf die Schüsseln gerichtet«, sagte sie zu ihrer Stellvertreterin.

Der Betriebsrat verzichtete auf eine Ansprache. »Wir müssen ja nicht auch noch zu Weihnachten unseren Senf dazugeben«, meinte Richard Behrend zu Kramer. »Ist ja auch eher eine Sache für die Pfaffen. Findest du es nicht auch stark übertrieben, daß die Alte alle Abteilungsleiter einlädt, in deren Räumen ein Ausländer mal einen Furz gelassen hat?«

Hans nickte zustimmend: »Da gehen doch die Männer gar nicht richtig aus sich heraus bei dem Gewimmel von Chefs.«

»Ja, und was soll Werkschutz hier?« fargte der Spanier Orlando, der neben Hans saß und zugehört hatte.

»Nick Knatterton läßt doch zu Feierabend auch die Taschen der Ausländer kontrollieren«, spottete Hans. »Also muß er auch euren Wein trinken. Wo hast du denn so gut deutsch gelernt?«

»Schon in Duisburg«, erzählte Orlando, als sie beim Essen waren. »Ich war achtzehn Monate in Duisburg. Da habe ich in kleine Fabrik gearbeitet. Dreißig Leute nur, halb Ausländer. Wer nicht konnte deutsch sprechen, haben sie manchmal beschissen um sein Geld, um Stückzahl, um alles. Wir haben Stahlstühle gemacht. Firma war am Hafen. Die Baracken, wo wir wohnen mußten, waren auch am Hafen. Ich gedacht, nur wer deutsch sprechen kann hat auch besseres Leben hier, verstehst du? Jede Woche bin ich zweimal in Schule gegangen am Abend, um zu lernen deutsch.«

»Na prima«, sagte Hans. »Wenn das alle Ausländer machen würden, wäre vieles einfacher.«

»Pst«, machte Behrend, »die Alte will ihre Rede über das schöne friedliche Fest halten.«

Hans unterhielt sich später noch ein wenig mit Orlando. Aber als der evangelische Pfarrer nach ein paar Gläsern Wein anfing, ein italienisches Volkslied vorzutragen, war eine tiefergehende Unterhaltung kaum möglich. Hans sagte dem Spanier, daß seine Frau und er sich freuen würden, wenn er am zweiten Weihnachtsfeiertag zum Kaffee käme. »Weißt du, es interessiert uns, zu erfahren, wie ihr bei euch zuhause lebt und warum ein Mann wie du nach Deutschland zum Arbeiten kommt.«

Erfreut sagte Orlando zu. Nur der Betriebsratsvorsitzende, der das mit angehört hatte, brummte: »Ob das angebracht ist, mit den Brüdern gleich persönlich zu verkehren?«

»Ich bin in Madrid geboren und habe da meinen Beruf gelernt, Dreher und Fräser, auch Schweißer. Das war die Firma ISPARUS. Die arbeiten mit Kapital aus Frankreich und Schweiz, auch Amerika, glaube ich. Dann haben sie uns gesagt, zu viele Leute, zu wenig Produktion. Alles rationalisieren hier. Neue Maschinen aufstellen, dafür die Arbeiter und die Mädchen in Büros reduzieren. Wir wurden entlassen. Viele sind dann weg und nach Deutschland gegangen.«

»Und Ihre Frau?« fragte Irma. »Sie sind doch verheiratet?«

»Ja, bin ich verheiratet«, sagte Orlando. »Meine Frau kommt aus Arganda, nicht weit weg von Madrid. Sie hat da auch Arbeit in Konfektion. Ich suche in Berlin eine Wohnung, kann sein kleine Wohnung. Dann können sie kommen, meine Frau und beiden Kinder. Es ist gut, wenn eine Familie ist zusammen. Hier ist auch viel Arbeit für eine Frau. Die Kinder können in die Schule gehen. Kinder lernen schneller als Papa. Vielleicht können sie später Abitur machen und auch studieren. Sehen Sie, bei uns muß man haben für alles gute Beziehungen, auch für Schule. Wie kann ein Arbeiter Beziehungen haben? Zur Kirche vielleicht. Dann kann der Pfarrer einen Brief schreiben und gut sprechen für die Familie. Das ist auch bei Franco so. Wenn die Familie nicht ständig geht in die Kirche und Geld gibt, dann gibt es keine Rekommandation.«

»Was meint er?« fragte Hans.

»Er bekommt keine Empfehlung für die Kinder«, sagte Irma. »Greifen Sie doch zu. Weihnachten wird immer viel zu viel gebacken, und am zweiten Feiertag hat schon keiner mehr Hunger auf Kuchen. Sie sehn ja, die Kinder sind schon wieder nebenan in ihrem Zimmer. Aber sagen Sie mal, hat die Kirche denn so viel Einfluß in Spanien?«

»Oh ja! Kirche hat Macht und ist reich bei uns. Sogar in Fabrik sind sie gekommen und der Pfarrer sagt zu uns: Die Arbeiter sind die besten Söhne von Gott. Und viel arbeiten ist das beste, was sie machen können für Gott. Und dann läßt er Geld einsammeln für seine schöne Predigt. So ist das bei uns. Die Kirche will keine Antibabypille. Ein Ehepaar, das acht Kinder hat, ist Kapital für die Kirche. Acht Kinder bringen billige Arbeitskraft. Und dann kommt achtmal die Taufe, die Kommunion, die Hochzeit, alles muß die Familie bezahlen. Dann machen sie große Prozessionen und Gipsfiguren mit schönen bunten Kleidern. Wofür soll das helfen? Aber viele

Leute sind blind bei uns, laufen da hin und stecken ihr weniges Geld an die Kleider von Gipsfigur. Komme ich von Deutschland nach Hause, gleich ist der Pfarrer da bei uns, kommt freundlich zur Begrüßung und will kassieren. Kriegt er kein Geld, kriegst du mit Familie keinen guten Urlaub. Hören Sie, ich will nichts wissen von Kirche, von Franco und vom König. Viele junge Leute wollen nichts wissen davon, weil sie sagen, wir müssen bei uns eine richtige Demokratie haben.«

Irma fragte Orlando, wie es ihm in Deutschland gefiel und ob er mit den Menschen hier zurecht käme. Der Spanier zögerte mit der Antwort. »Was soll ich da sagen? Ist unterschiedlich. Mit meine Kollegen in Fabrik, also die Arbeiter, ja, die jungen Kollegen, da komme ich gut zurecht. Aber die älter sind, die Meister und Chefs, die denken immer, sie sind was Größeres. Die haben bei Hitler gelernt, oder schon beim deutschen Kaiser, daß sie immer müssen geben Befehle: Mach das! Mach das da! Und jetzt mach das! Ich bin kein Idiot, daß ich muß nur auf Befehl arbeiten, auch als Ausländer nicht.«

Er sah auf die Uhr, lehnte sich dann noch einmal im Sessel zurück. »Aber das ist nicht so schlimm, wenn man hat zwei Ohren zum Weghören. Richtig böse sind die Deutschen, die glauben, Ausländer sind nur billige Kraft für ihre Arbeit. Ich habe in Zehlendorf getroffen einen Spanier aus Cartagena. Der hat mir erzählt, daß er hier keine gute Erfahrung gemacht hat. Warum? Das ist eine richtige Sauerei, die der Mann da gemacht hat mit ihm. Er hat den Deutschen in Cartagena getroffen, wo der Urlaub gemacht hat. Sagt ihm, er hat eine Firma in Berlin und ein großes Haus. Da haben sie einen Vertrag gemacht, einen Arbeitsvertrag für zwei Jahre. Dann ist der Mann nach West-Berlin gekommen mit seiner Familie. Hier haben sie eine Scheißwohnung gekriegt, einen Stall, hinter Villa in einer Ecke vom großen Garten in Schlachtensee. Der

Mann hat eine Textilfirma. Da arbeitet der Spanier. Dann muß er die Heizung machen in Firma und Villa. Und im großen Garten muß er arbeiten. Alles von morgens um sechs bis abends um acht Uhr. Alles für 500,– Mark, verstehen Sie? Weil die kalte Wohnung kostet keine Miete, und weil die Frau kann die Reste vom Essen mitnehmen aus der Küche. Sie muß da in Küche arbeiten und die Villa putzen. Die beiden Kinder dürfen nicht rausgehen in den Garten und spielen. Das ist verboten, weil immer drei Hunde im Garten sind. Aber was soll er machen mit Vertrag über zwei Jahre? Und was soll er danach machen? Die sind wie Sklaven bei reiche Leute da.«

Die Kinder schliefen. Irma und Hans lagen auch schon in den Betten, als er sagte: »Je mehr ich darüber nachdenke, was Orlando uns heute alles erzählt hat, um so stärker setzt sich der Gedanke bei mir fest, über das Thema Ausländer ein Buch zu schreiben. Wir haben bei uns im Betrieb schon die unterschiedlichsten Nationen. Ich denke, daß es doch ganz interessant sein müßte, mal eine Art Reportage zu machen.«

Irma legte ihren Roman auf den Nachttisch und gähnte. »Und deine Artisten-Story? Willst du die solange auf Eis legen?«

»Natürlich nicht. Das Zirkus-Buch mache ich erst fertig, geht doch gar nicht mehr anders. Aber danach werde ich mich ganz intensiv mit den Problemen beschäftigen, die Ausländer in Deutschland haben. Die Frage, woher kommen sie, wie haben sie in ihren Ländern gelebt, warum sind sie ausgerechnet nach Deutschland und in das von Grenzen umgebene Berlin gekommen und so weiter. Verstehst du, was ich meine?«

Seine Frau war fest eingeschlafen.

In einer kalten Februarnacht

Im Winter, wenn es kalt und die Luft ganz klar war, hörte sich das Kreischen der Hängebahn in den CHEMIE-FASER-WERKEN, mit der am Tage Kohlewaggons entladen wurden und deren schwerer Greifer zwischendurch unermüdlich die zum größten Teil aus der DDR kommende Kohle in die Bunker der Kraftanlage beförderte, durchdringend grell wie ein Höllenkonzert an. Der schlanke Italiener Vittorio, der oben, mit einer dicken Jacke bekleidet, in der unter den Laufkatzen hängenden Kabine saß, freute sich auf den Feierabend um zweiundzwanzig Uhr. Danach durfte die Bahn nicht mehr fahren, sonst hagelte es wieder lautstarke Proteste aus der ganzen Umgebung wegen des ruhestörenden Lärms.

Weil der große Kohleplatz zur Zeit im vorderen Teil leer war, mußte er ein gerades Stück bis dicht an den Stichkanal fahren, damit der Greifer zufassen konnte und richtig voll wurde. Noch drei oder vier Fahrten, dann war Schluß an diesem Februarabend des Jahres 1963.

Vittorio war noch nicht lange im Betrieb. Auch er hatte bereits längere Zeit in West-Deutschland gearbeitet. Dann lernte er in Hannover eine Berlinerin kennen und lieben. Ihr war er schließlich nach West-Berlin gefolgt. Über den Kanal hinweg konnte er von hier oben weit in das Gebiet der DDR hinein blicken. Doch das einzig Interessante waren die ständigen Bauereien an den Grenzanlagen jenseits des Kanals. Dahinter, links von Teltow, sah man die verstreut liegenden Häuser von Seehof, Felder, Wiesen und ein Waldstück. Auch für Vittorio, der die innerdeutsche Grenze von hier oben aus zum ersten Mal gesehen hatte, wurde das bald uninteressant.

Wenn die Deutschen ihr Land unbedingt in zwei, nein, mit West-Berlin sogar in drei Teile zerstückeln mußten, dann sollten sie es. Was ging das ihn an? Drüben in West-Deutschland hatten die Leute selten einmal über Berlin gesprochen. Warum sollte er als Ausländer sich Gedanken über die Zustände hier machen?

Je stärker er in dem zugigen Kasten fror, um so sehnsüchtiger dachte er an die warme Sonne seiner Heimatstadt Monopoli im Süden Italiens. Am liebsten würde er morgen schon mit seiner Freundin Berlin und dieses Land mit dem unwirschen Klima verlassen und nach Süden fahren, wenn – ja, wenn es in seiner Heimat eine einigermaßen einträgliche Arbeit für ihn gegeben hätte. Aber unmöglich konnte er zu seiner Freundin sagen: Komm mit nach Italien! Bei uns zu Hause ist es warm. Die Sonne scheint den ganzen Tag. Das Meer ist weit und blau, und meine Leute sind sehr gastfreundlich. Alle Leute sind da freundlich. Der Wein bei uns schmeckt gut. Die Tavernen sind gemütlich. Wir brauchen nicht zu arbeiten, weil es keine Arbeit gibt. Dafür stehen die Männer den ganzen Tag im Schatten der Bäume und reden miteinander. Was sollten sie auch sonst tun? Selbst für den billigsten Wein reicht ihr Geld oft nicht. Darum ist es wohl besser, wenn wir ...

Mit einem Ruck stoppte Vittorio die Bahn in Höhe des Stichkanals. Was waren das für Leute da unten, die neben der über den Kanal führenden Entsorgungsbrücke die Böschung heraufgekommen waren und in diesem Moment von dem unter der Kabine hängenden Scheinwerfer erfaßt wurden? Heilige Madonna, die beiden hatten ja kaum Sachen auf den Leibern! Diebe konnten das nicht sein. Was gab es hier schon zu holen? Natürlich, so wie die aussahen und nur in der Unterwäsche, kamen die beiden von drüben. Vittorio wurde klar, die waren aus der DDR abgehauen, wie sie hier dazu sagten. Durch den Teltow-Kanal waren die bis in den Stichkanal geschwommen, jetzt im Februar.

Schnell schaltete er das Getriebe wieder ein, fuhr seine Last in die Kraftanlage. Für heute war die Arbeit sowieso getan. Er schüttete die Braunkohle in den Bunker und kletterte die Leiter hinab. »Da sind eben zwei durch den Kanal gekommen!« rief er unten den beiden Heizern zu. »Wir müssen die gleich hier reinholen.«

»Sachte, sachte«, knurrte der dicke Heizer Paule Schmidt von seinem Platz aus. Er war schon ganz auf das Arbeitsende eingestellt. »Hast wohl Jespenster jesehn, Itaker, wat? Wir sind doch hier nich in Italien, wo ihr im Winter baden könnt.«

»Sie sind beide vom Kanal rauf«, erklärte Vittorio aufgeregt. »Komm du mit, Fritz.« Er zog den anderen Heizer mit zu der Tür, die zum Kohleplatz hinausführte. »Die beiden haben nicht viel an und werden völlig naß sein.«

Als er die Tür aufriß, standen die traurig aussehenden Gestalten schon vor ihnen. Sie bibberten und hatten die Arme vor der Brust verschränkt. »Laßt uns rein, Leute, wir sind getürmt.«

Sie hatten graugrüne Unterwäsche an, die nun lappig an ihren Körpern hing. Jetzt sprang auch der sonst so phlegmatische Paule vom Stuhl hoch. »Schnell, bringt die beeden hier vor den Ofen, wo't warm ist!«

Sie redeten nicht viel. Während Vittorio nach nebenan in das Maschinenhaus lief, um etwas Warmes zum Überziehen zu suchen, pellten Paule und Fritz die beiden jungen Männer aus den nassen Sachen. Vittorio kam mit dem Maschinisten zurück. Sie brachten ein paar nicht gerade saubere, so doch aber trockene Handtücher mit. Zwei graue Kittel stammten aus dem Büro des Meisters. Vor der Wärme ausstrahlenden

1964 – Die Stacheldrahtzäune am Buschgraben wurden später auf der Seite von Kleinmachnow durch eine hohe Mauer ersetzt.

Der Blick über die Spinnstoffabrik Zehlendorf auf den Teltowkanal, den befestigten Grenzstreifen und auf den Ortsteil Seehof.

Kesselanlage rubbelten sie die beiden Nackten gemeinsam ab. »Ist noch Kaffee im Thermos?«

»Kaffee nich, aber ick hab wat anderet, wat besser ist!« rief Paule. Er griff zwischen die vielen Rohrleitungen. »Ne Pulle Doppelkorn! Die beste Medizin in euerm Zustand.«

Die Flüchtlinge, die immer noch zitterten, zogen die Kittel fester um sich und nahmen ein paar Schlucke aus Paules Geheimflasche. In dem Moment erschien die Schichtablösung. »Wo bleibt ihr denn heute? Habt es doch sonst immer so eilig.«

»Nanu, feiert ihr wat?«

»Zwei Flüchtlinge von drüben«, erklärte Fritz knapp. »Sind durch den Stichkanal gekommen.«

»Det beste ist, ick ruf den Pförtner an«, sagte Paule und griff zum Telefon. »Die wissen, wat nun zu machen ist. Können jleich den Krankenwagen rufen und die Polente. Wat weeß ick.«

»Ich hole warme Decken«, sagte Vittorio. Und schon im Laufen rief er zurück: »Sind doch beide total unterverkühlt!«

»Sind det Militärklamotten?« fragte Paule, auf den Haufen nasser Unterwäsche deutend, »oder tragt ihr bei euch da drüben jetzt alle so'n jrauet Zeuch?«

»Das nicht.« Der Jüngere der beiden konnte schon wieder lachen. »Wir sind Grepos, Grenzposten. Das hat sich heute gerade so ergeben. Wir beide kennen uns schon lange. Die anderen waren nicht in der Nähe. Da sind wir in ein Gebüsch, haben Waffen und Sachen weggeworfen, sind ganz leise unter dem Zaun durch, der noch nicht ganz fertig war, und dann rein ins kalte Wasser.«

»Na, da gehört schon was zu«, meinte Fritz. »Im Winter durch den Kanal. Und anscheinend haben eure Kumpels bis jetzt nichts gemerkt.«

Einer der Schichtablöser fragte: »Woher wußtet ihr so genau, an welcher Stelle man hier auf das Fabrikgelände kommen kann?«

»Stell jetzt nich so'ne blödsinnigen Fragen, Atze«, schimpfte Paule. »Denkste, die beeden machen noch'ne Märchenstunde für dir?«

»Geht schon besser«, sagte der Ältere. »Ich kenne mich hier ein bißchen aus, zwar nur vom Erzählen, aber trotzdem. Mein Vater war vor dem August 1961 hier in der Schlosserei. Wippel, Bruno Wippel.«

»Du kriegst die Tür nich zu! Den ollen Wippel sein Junge biste? Und dir schicken die ausjerechnet hier an die Jrenze zum Uffpassen? Also, wenn det nich wie aus 'ne Wundertüte ist.«

Hinter den verstaubten Fenstern waren jetzt Blaulichter zu erkennen. Gleichzeitig mit den Männern vom Krankenwagen kamen zwei Polizeibeamte in die Kraftanlage. Ein Pförtner, hier auch »Werkschutzmann« genannt, begleitete sie. Die Flüchtlinge kletterten draußen auf dem Hof in den Krankenwagen.

Vittorio, Paule und Fritz mußten den Polizisten erst eine genaue Schilderung über den Ablauf der Ereignisse geben, bevor sie endlich Feierabend machen konnten. »Vielleicht stehn wa morjen allesamt in die "Mottenpost"«, meinte Paule. »Könnte doch sein, oder?« Fritz winkte ab. »Ist doch längst alltäglich, daß welche von drüben abhaun und dabei ihr Leben riskieren. Das ist doch keine Sensation für die Zeitungen mehr.«

Als sie wenig später unter der Dusche standen, sagte Paule noch einmal: »Den ollen Wippel sein Junge! Ist det een dollet Ding. Bruno war mit sein steifet Been schon in die letzten Kriegsjahre in der Schlosserei.Hoffentlich kriegt der nun keen Ärjer mit die janze Bande.« Er drehte sich zu Vittorio um. »Kannste mal sehen, Itaker, sowat Verrücktet erlebste nur hier in Berlin.«

Hilfe, Herr Volkspo!

So voll war die Berliner S-Bahn schon lange nicht mehr. Es war der 5. Januar 1964, ein kalter Wintermorgen. Und es war der letzte Tag eines Passierscheinabkommens, das den Westberlinern nach zweieinhalb Jahren totaler Grenzsperre endlich die Möglichkeit gab, Verwandte im Berliner Ost-Sektor zu besuchen. In dem dafür festgelegten Zeitraum vom 20. Dezember 1963 bis zum 5. Januar 1964 waren es 730.000 Menschen, die sich auf den Weg zu ihren jenseits der Mauer lebenden Angehörigen gemacht hatten. Allein am letzten Tag waren es 280.000 Westberliner. In umgekehrter Richtung gab es keine Besuche.

Um überhaupt erst einmal einen Passierschein zu bekommen, standen die Menschen vorher bei eisiger Kälte stundenlang vor den Ausgabestellen. Und doch war bei den Leuten, die jetzt mit schweren Taschen bepackt auf jeder Station zustiegen, kaum einmal Unwille zu erkennen. Im Gegenteil, in den Gesichtern zeichneten sich Vorfreude, Erwartung und Ungeduld ab. Dann wieder endlose Schlangen vor den Abfertigungsschaltern. Ein langsames Vorrücken, so daß der Eindruck entstehen konnte, daß sie heute überhaupt nicht mehr in den anderen Sektor kommmen würden.

Seit der Trauerkundgebung am 25. November des vergangenen Jahres vor dem Schöneberger Rathaus für den ermordeten amerikanischen Präsidenten Kennedy war Hans Kramer nicht mehr mit so vielen Menschen in Berührung gekommen.

Ein Durchlaß, kaum größer als eine Wohnzimmertür, bewacht von pelzbemützten Volkspolizisten. Dahinter einzeln, einer nach dem anderen, die Überprüfung der Personalien mit kühler, befohlener Freundlichkeit. Die Zöllner – das Wort »Beamte« gab es hier nicht – konnten immer nur Stichproben vornehmen beim Kontrollieren der Taschen, deren Inhalt ein wenig Freude bringen sollte als Entschädigung für die Trennung in den vergangenen Jahren. Und sicher hatte jeder versucht, Dinge auszuwählen, an denen es im ARBEITER- UND BAUERNSTAAT mangelte, wie Kaffee, Schokolade oder Südfrüchte. Das wußten auch die Zöllner, die der Familie Kramer das Zeichen zum Weitergehen gaben. Zu stark war der Andrang.

Die Fahrt mit der rumpelnden Straßenbahn nach Weißensee. Joachim und Renate zeigten sich irgendwie enttäuscht. Was sie hier eigentlich erwartet hatten, das wußten sie wohl selbst nicht genau. Nach dem Aussteigen in Weißensee blieb Joachim vor einem Radiogeschäft stehen und blickte in die leere Traurigkeit des Schaufensters. »Was denn, das soll alles sein, was die anzubieten haben? Zwee lausige Fernseher und 'n paar Radios, und alles dieselbe Sorte?«

»Sicher gibt es in den Kaufhäusern mehr«, meinte Hans wenig überzeugend. »Der Mann hier hat wahrscheinlich mehr mit Reparaturen zu tun.«

Joachim sah sich um, ließ den Blick über die breite Klement-Gottwald-Allee wandern. »Sieht eener von euch hier 'n Kaufhaus? Ick nicht.«

Es waren Irmas Verwandte, die sie besuchen wollten. Sie wurden aber nicht nur von der Großtante Lotte und von Onkel Willy mit überschwenglicher Freude begrüßt. Wie vorher brieflich verabredet, waren auch die Potsdamer zu dem Treffen erschienen. Irmas Cousine Herta und ihre Tochter Christine hatten es auf sich genommen, schon morgens mit dem ersten Zug von Potsdam aus um den ganzen Norden Berlins herumzufahren, weil ihnen der weit kürzere, durch West-

Berlin führende Weg versperrt war. Doch das trübte die große Wiedersehensfreude nicht im geringsten. Von der Küche her zog bald der Bratenduft durch die Räume. Onkel Willy holte eine Flasche Krimsekt aus dem Kühlschrank.

Die meisten Mitbringsel waren für die Potsdamer bestimmt, die zu den DDR-Bewohnern zählten, die sofort eine große Suchaktion veranstalteten, wenn in ihrer Nachbarschaft jemand auf einer Bananenschale ausrutschte. Dann hieß es nur noch: Wo zum Teufel gibt es diese Bananen?

Daß es unendlich viel zu erzählen gab, lag auf der Hand. »Noch am Sonntag vor dem 13. August seid ihr alle zum Kaffee nach Zehlendorf gekommen«, sagte Irma. »Erinnert ihr euch noch?«

Christine nickte. »Als ob wir das je vergessen könnten, gerade diesen letzten Sonntag. Wer hätte da gedacht, daß es schon eine Woche später vorbei sein könnte mit den Besuchen bei euch, obwohl es zu der Zeit auch schon schwierig war mit der Reiserei.«

»Was sagst du denn zu der ganzen Misere?« wandte Hans sich direkt an Onkel Willy. »Glaubst du auch, daß der Bau der Mauer euch den Aufschwung gebracht hat? Wenn hier vorher so viele nach dem Westen rüber sind, müßte es doch genügend Wohnraum geben?«

»Die jungen Leute rücken nach, heiraten, haben Kinder und brauchen Wohnungen.« Onkel Willy fühlte sich unbehaglich bei dem Thema. Darum lenkte er auch rasch ab. »Eure Gläser sind ja leer. Ich mache noch eine Flasche auf.«

Zum Kaffee kamen Tante Lottes Bruder Walter und Frau. Walter bezeichnete sich selbst stolz als Altkommunist. Unter den Nationalsozialisten hatte er ein paarmal im Gefängnis gesessen, weil er mit seiner politischen Meinung nicht immer hinter dem Berg halten konnte. Er wurde auch gleich zu Beginn des Krieges Soldat. Und schon zwei Monate nach dem Einfall der Deutschen Wehrmacht in die Sowjetunion geriet er in Gefangenschaft. Später behauptete er, daß er übergelaufen war. In Rußland gehörte er bald zu den ANTIFA-Männern, die andere deutsche Kriegsgefangene mit der antifaschistischen Arbeit und mit der Idee des Kommunismus vertraut machen sollten. So war er nach 1943 auch Mitglied des NATIONALKOMITEES FREIES DEUTSCHLAND. Folglich kam Walter auch als einer der ersten aus der Sowjetunion nach Berlin zurück. Das verpflichtete die führenden Genossen der Partei natürlich dazu, etwas für Walter zu tun. Aber was? Er war von Beruf Maurer. Zwei Jahre nach der Gründung der Sozialistischen Einheitspartei, 1948, bekam er einen Posten in der Leitung einer Schokoladenfabrik. Einzelheiten wurden nicht bekannt, aber entweder schmeckte die Schokolade in der Zeit immer stärker nach Mörtel oder Walter vergeudete zuviel des knappen Volkseigentums, weil er mangels anderer Beschäftigung stundenlang die immer rarer werdenden Bleistifte anspitzte. Jedenfalls erfolgte drei Jahre später seine ehrenvolle Umsetzung in ein Baukombinat, unter der Vergabe einiger Verdienstorden natürlich.

Als Hans ihn an diesem Nachmittag fragte, wie er denn ein Jahr vor dem Ablauf die Chancen für die Erfüllung des Siebenjahresplans sehe, schielte Walter kurz zu seinem Schwager Willy hinüber, bevor er im Brustton vollster Überzeugung antwortete: »Det ist für uns hier keene Frage nich. So kann ooch nur eener fragen, der aus'n kapitalistischen Westen kommt. Ick sage dir, und det is keen Jeheimnis, weil es in unsern Staat nischt zu vertuschen jibt, du müßtest dir mal Eisenhüttenstadt ankieken. Da haben die Jenossen wat Einmalijet jeleistet. Een Werk und eene sozialistische Stadt hamse aus dem Boden jestampft, wo vorher rein janischt war.

Die modernsten Anlagen, kann ick dir sagen. Jenau so modern ist unsre Erdölverarbeitungsanlage in Schwedt an die Oder. Det wird bei uns in alle Öffentlichkeit diskutiert. Da hat det janze Volk Anteil dran, anders als bei euch drüben. Unser Buna-Werk Schkopau bei Halle da in die Jejend, det wird seine Produktion mit die neuste Technik bis int nächste Jahr mehr als verdoppeln. Von die Fortschritte in unsre Landwirtschaft kann ick hier nich reden, weil ich da nich so spezialisiert druff bin. Aber det Kombinat SCHWARZE PUMPE oder die jroße Kokerei in Lauchhammer, mein lieber Schollie, die haben heute schon ihr Plansoll übererfüllt. Det kannste mir jlooben. So sieht det aus bei uns, jenau so und nich anders!«

»Nun reg dich mal wieder ab, Walter«, besänftigte Willy seinen Schwager. »Hans interessiert sich eben für uns, und das ist doch gut so.«

»Jadoch«, stimmte Tante Lotte zu. »Laßt uns lieber den schönen Tag genießen.«

»Wenn eener wat fragt, kriegt er bei uns ooch 'ne vernünftije Antwort«, murrte Walter. »Det wird hier nun mal so jehandhabt.«

Die Zeit verging viel zu schnell. Über Politik wurde nicht mehr gesprochen. Die Familiengeschichten aus der Vergangenheit standen bald im Vordergrund. Und kurz vor zweiundzwanzig Uhr hieß es Abschied nehmen. Um Mitternacht liefen die Passierscheine ab, und die Potsdamer hatten ebenfalls einen langen Weg vor sich. Die Frage stand plötzlich groß im Raum: Wann sehen wir uns wieder? Wie lange wird es diesmal dauern? Verhärten sich die Fronten zwischen West und Ost so sehr, daß es vielleicht zu gar keiner Vereinbarung mehr kommt? Oder gibt es doch bald Tauwetter?

Sie blickten sich ernst an, bevor sie auseinandergingen. Onkel Willy meinte: »Ich glaube, jetzt wird bestimmt vieles besser werden.«

Sein Schwager zuckte mit den Schultern: »Wat die Deutsche Demokratische Republik betrifft, wir sind immer zu Jespräche bereit, ooch wenn Bonn die Anerkennung uff Drängen von die Amis immer wieder verzöjert.«

Hans meinte: »Wissen wir denn, was in den oft so hohlen Köpfen der Politiker vor sich geht?«

Das gefiel Walter nicht ganz. »Da meinste doch wohl nich unsre mit, wat?«

»Doch, alle, und nicht nur die Deutschen«, grinste Hans und schüttelte auch ihm die Hand. »Und wir kommen trotzdem wieder!«

In der Straßenbahn sagte Joachim: »Der Bruder von Tante Lotte kann ganz schön komisch reden.«

»Der ist eben stolz darauf, daß sie hier schon einiges geleistet haben«, sagte sein Vater. »Die Menschen liegen ja auch nicht auf der faulen Haut, nur die Bedingungen sind für sie schwieriger als bei uns.«

Die Straßen in Ost-Berlin waren noch sehr belebt in den späten Abendstunden. Viele Besucher waren am letzten Tag des Passierscheinabkommens so lange wie nur irgend möglich bei ihren Angehörigen geblieben. Wahrscheinlich sagten sie sich: Haben die uns reingelassen, werden sie uns auch wieder rauslassen, auch wenn es später wird als zwölf Uhr. Genau dieser Überlegung entsprechend war der Andrang vor den Abfertigungsschaltern. Ein Stück davor überall Abschied, Umarmungen und Tränen. »Kommt bald wieder! Wir gehören doch zusammen!«

»Sicher machen sie zu Ostern wieder auf, ganz bestimmt tun sie das.«

»Ist alles nur schäbige Politik, hüben wie drüben. Aber

wenn sie einmal mit den Passierscheinen angefangen haben, können sie doch gar nicht mehr anders. Hängt ja auch viel von eurem Spitzbart ab.«

Volkspolizisten standen in der Nähe, leiteten den Menschenstrom und hörten dabei so manches kritische Wort. Es war zwar nicht neu, daß die Leute Walter Ulbricht den »Spitzbart aus Sachsen« nannten, und es wäre auch als Beleidigung betrachtet und geahndet worden, wenn es an anderer Stelle geschehen wäre. Heute hörte man einfach weg, folgte dem Befehl, alles zu vermeiden, was den reibungslosen Ablauf dieser Tage stören könnte. Vielleicht mag auch mancher der Uniformierten gedacht haben: Ich hätte meinen Bruder, Onkel, Cousin, meine Tante, die kleine Nichte aus West-Berlin auch gerne mal wiedergesehen. Aber wir als Mitglieder der staatlichen Ordnungsorgane, als Geheimnisträger, wir dürfen das ja nicht.

Nach einer guten Stunde Warten, das Hans mit seinen kriegsverletzten Beinen mehr zu schaffen machte als den beiden Kindern und seiner Frau, war der Abfertigungsschalter ihrer Reihe in greifbare Nähe gerückt. Hinter ihnen rief plötzlich ein älterer Mann einem Volkspolizisten zu: »Hilfe, Herr Volkspo! Meiner Frau ist schlecht geworden!«

»Kommen Sie beide mit zur Abfertigung«, sagte der Polizist. Und genauso kühl: »Und nennen Sie mich bitte Wachtmeister.« Er ging voran und sorgte für eine Lücke in der Menge. Ohne Murren wurde Platz gemacht.

»Habt ihr das gehört?« meldete sich Joachim. »Volkspo hat der den genannt.«

Hans nickte müde und dachte: Was wäre wohl passiert, wenn der Mann den Vopo Volksarsch genannt hätte?

Nach langen und schwierigen Verhandlungen wurde am 24. September 1964 ein verbessertes und dauerhafteres Passierscheinabkommen vereinbart. Bis zu dem Zeitpunkt waren an der Mauer und an den Stacheldrahtzäunen allein im Raum Berlin innerhalb von drei Jahren nachweisbar zweiundfünfzig Menschen zu Tode gekommen.

Ein neues und ein altes Auto

Seit drei Wochen hatte Harald Grützke eine neue Sonntagsbeschäftigung. Auf dem Hof neben der Pumpe wusch und polierte er seinen fabrikneuen Trabant. Und während er unter der Motorhaube an dem Zweitaktmotor herumputzte, obwohl es da noch nichts zum Putzen gab, erklärte er seiner Frau: »Immer eins nach dem anderen, Selma. Habt ihr denn drüben in eurer Wohnlaube eine Waschmaschine gehabt? Die Laubenpieper haben da heute noch keine, das glaub mir mal. Laut Plan wird sich die Produktion von Konsumgütern innerhalb der nächsten sieben Jahre um 167 Prozent erhöhen. Und nun höre und staune, die Produktion der von dir gewünschten Waschmaschinen wird sogar auf 425 Prozent steigen. Das sind Leistungen, über die niemand hinwegsehen kann, oder?«

»Eure Planzahlen«, antwortete Selma verärgert. »Manchmal kann ich das schon gar nicht mehr hören. Im Radio, im Fernsehen, überall wird nur von der Sollerfüllung geredet. Und du quatschst auch immer nur von dem Plan. Wenn doch hier in Teltow mal was zu sehen wäre davon.«

Das brachte Harald auf die Palme. »Und was siehst du hier?« rief er erbost, schloß aber die Motorhaube ganz behutsam. »Was steht hier vor deinen Augen? Ein funkelnagelneues Auto! Und das knapp anderthalb Jahre nach der Bestellung, mit einem Kredit, für den unser Staat nicht mal Zinsen verlangt, so wie diese verfluchten Ausbeuter der Großbanken da drüben. Ich weiß sogar, daß die Produktion von Personenwagen bis zum nächsten Jahr auf 281 Prozent im Verhältnis zu 1958 ansteigen wird. Glaubst du denn, im Westen kann sich ein Arbeiter so schnell ein Auto kaufen? Wenn sie das Gegenteil behaupten, ist das nichts als Propaganda.« Er stockte, wußte nicht weiter und sagte rasch: »Holst du bitte mal den Staubsauger aus dem Haus?«

»Wozu das denn? Wir haben den Wagen doch erst am letzten Sonntag gesaugt.«

»Na und. Ich mußte mich heute morgen auch rasieren, obwohl ich das gestern erst gemacht habe.«

Sie knallte die Autotür so heftig zu, daß ihr Mann vor Schreck ganz blaß wurde. »Und ich muß jetzt deinen Sohn trockenlegen, obwohl ich das heute früh erst getan habe!« konterte sie.

Harald sah zu dem Kinderwagen hinüber, der im Schatten des Hauses stand. Er lachte stolz: »Der schläft noch fest und friedlich, wird aber sicher gleich wach, wenn du weiter so laut rumtrompetest.«

»Ach, du und dein Auto«, murrte sie.

»Das laß man meine Sorge sein, Selma. Wenn dein Vater und deine Schwester uns besuchen kommen, dann kutschiere ich euch alle mit dem Wagen durch die Umgebung, dann hast du nichts mehr zu brummen.«

Sinnend blickte Selma über den Teltow-Kanal in Richtung Zehlendorf.

»Daß meine Schwester einmal kommt, daran glaube ich. Aber Vater? Wozu solltest du ihn wohl durch die Gegend fahren? Er sieht doch kaum noch etwas.«

»Ja, das ist wirklich bedauerlich.« Harald lehnte mit dem Rücken am Auto, schien es für kurze Zeit vergessen zu haben. »Gerade er, der Zeit seines Lebens und sogar unter den Faschisten für den Kommunismus eingetreten ist, gerade er würde staunen, wie die Idee eines realexistierenden Sozialismus bei uns in wenigen Jahren verwirklicht werden konnte.

Das politische Bewußtsein unserer Arbeiter ... Ja, was ist denn nun schon wieder?«

Selma hatte ihren Sohn aus dem Wagen genommen und war mit ihm im Haus verschwunden. Harald schimpfte: »Nicht mal bis zu Ende zuhören kann diese Frau! Der Einfluß dieser Imperialistenbande da drüben ist wie der Biß einer Schlange. Wenn das Gift erst einmal im Körper ist, dann ...« Übrigens durfte er nicht vergessen, Selma oder seiner Mutter zu sagen, daß es morgen vormittag Fahrradbereifungen im KONSUM gab. Es war ratsam, immer was zum Tauschen im Haus zu haben.

Auch bei der nur knapp zwei Kilometer entfernt wohnenden Familie Kramer stand seit kurzer Zeit ein eigenes Auto vor der Tür des zweistöckigen Siedlungshauses. Und das erst jetzt, wo Hans doch gelernter Autoschlosser war und den Beruf bis zu seiner Wahl in den Betriebsrat im Jahr 1959 ausgeübt hatte. Es war kein neuer Wagen. Dafür hätten sie einen Kredit aufnehmen müssen, was beide strikt ablehnten. Es war ein DKW mit einem Dreizylindermotor, der bereits 50.000 Kilometer auf seinem abgerundeten, grünen Buckel hatte. Die einzige Ähnlichkeit zu Grützkes TRABANT bestand darin, daß auch der DKW einen Zweitaktmotor besaß und daher ähnlich stinkende Auspuffwolken fabrizierte. Ansonsten war das Auto noch aus Blech und die Karosserie saß auf einem stabilen Fahrgestell. Kramers fuhren zehn Jahre lang mit dem Wagen, alle mitleidigen Blicke aus irgendwelchen dicken Schlitten gelassen hinnehmend.

Es ging einfach nicht mehr anders. Hans brauchte den fahrbaren Untersatz. Die Betriebsratsarbeit machte es erforderlich, daß er viel unterwegs sein mußte, und das nicht nur in der Stadt. Auch die Schulen seiner Gewerkschaft und die an verschiedenen Orten der Bundesrepublik stattfindenden Sitzungen des Gesamtbetriebsrates erreichte er mit dem Auto schneller. An den Sonnabenden konnte er seine Frau abholen, die seit dem Frühjahr auf verschiedenen Wochenmärkten arbeitete, wo sie für einen Händler Eier und Geflügel verkaufte. Ab und zu fuhren sie nachmittags schnell einmal zu seiner Mutter in die Laubenkolonie. Nach dem Tod des Vaters hatte sie jetzt nur noch Helmut, ihren Jüngsten, bei sich. Hinzu kamen die Elternabende in den Schulen. Joachim ging zur Zeit in die Zinnowald-Schule in der Nähe der U-Bahn-Station KRUMME LANKE. Mit dem Auto konnten sie ohne großen Zeitaufwand schnell hingelangen. Für Hans Kramer war die Teilnahme schon daher wichtig, weil die anderen Eltern ihn, auch in Renates Schule, zum Elternvertreter gewählt hatten. Eigentlich war es ja eher so gewesen, daß die anderen jedesmal bei einer Wahl die Köpfe eingezogen hatten. Und er, obwohl schon voll ausgelastet, ließ sich dann erneut überreden. Die wöchentlichen Gruppenabende mit Jugendlichen im Jugendfreizeitheim HAUS TELTOW und seine literarische Arbeit nahmen ebenfalls Zeit in Anspruch. Und doch war ihm die Mitarbeit in den Schulen sehr wichtig, weil er oft an seine eigene Schulzeit denken mußte, als Vater und Mutter kaum Zeit dafür übrig hatten.

So richtig in den vollen Genuß eines eigenen Autos kamen Kramers, als sie damit im August 1964 eine erste Reise in das ferne Österreichische Burgenland unternahmen.

Das war noch vor dem verbesserten Passierschein- und Transitabkommen. Da ging es bei der Abfertigung an den Grenzübergängen äußerst kleinlich zu. Die Autofahrer waren hilflos der Willkür der Grenzer ausgesetzt. Was heute so ablief, konnte morgen schon wieder ganz anders sein. Manchmal führte schon der geringste Protest dazu, daß der Wagen und das

Gepäck besonders gründlich und auch zeitraubend durchsucht wurden.

Die Gebühren für die Benutzung der Transit-Autobahnen entrichtete noch jeder selbst an einem Schalter. Das führte stets zu Verzögerungen. Jeder, der allein hinter dem Lenkrad saß, mußte dafür den Wagen mitten in den langen Reihen verlassen, um erst die Gebühren zu bezahlen. Bei der Ausweis- und Paßkontrolle hatte man den Eindruck, die Offiziere der DDR seien auf dem Gebiet der Ohrenkunde besonders bewandert. Immer wieder hieß es bei Langhaarigen, egal ob Frau oder Mann: »Machen Sie bitte Ihr rechtes Ohr frei. Und jetzt das linke.«

Prüfende Blicke auf die Form der Ohren und der Ohrläppchen. »Danke, fahren Sie weiter.«

Als Kramers zum ersten Mal mit ihrem Auto auf Reisen gingen, nahmen sie viel Lesestoff mit, denn alle vier waren sie Leseratten. »Die Bücher legen wir schön sichtbar hinten auf das Hutbrett«, hatte Hans angeregt. »Da sehen die gleich, daß wir nichts zu verheimlichen haben.«

Die Bücher interessierten den kontrollierenden Zöllner nicht im geringsten. Der Mann hatte es mit einem wahrlich geilen Ausdruck im Gesicht allein auf Renates Tagebuch abgesehen, mit dem sie immer sehr geheimnisvoll tat und das sicher die Eintragungen enthielt, die ihr mit ihren neun Jahren wichtig erschienen.

Der Uniformierte hielt das kleine Büchlein, das mit einem einfachen Schloß versehen war, in seinen Händen.

»Öffnen Sie doch bitte dieses Schloß.«

»Das kann ich nicht so ohne weiteres«, sagte Hans. »Das ist das Tagebuch meiner Tochter. Sie hat den Schlüssel dafür.«

»Ja, Mann, dann holen Sie den Schlüssel!« fauchte der Zöllner. »Oder wollen Sie hier den ganzen Betrieb aufhalten?«

Resignierend zuckte Hans mit den Schultern und ließ sich von Renate, die hinten im Wagen saß, den kleinen Schlüssel geben. Er öffnete das Schloß und sagte dabei: »Als Vater schnüffelt man ja nicht gerne den Geheimnissen seiner Tochter nach.«

Jetzt wurde der Mann, der hier mit Hans allein stand, plötzlich sehr böse. »Hier wird auch nicht geschnüffelt! Hier erfüllen wir nur die uns übertragenen Aufgaben. Merken Sie sich das für die Zukunft!«

Innerlich knallte Hans die Hacken zusammen und rief: Jawoll, Herr General! Er schwieg natürlich. Langsam blätterte der Mann das Büchlein Seite für Seite durch. Er las die Eintragungen und spitzte dabei immer wieder komisch die Lippen. Hans haßte den Kerl in diesen Minuten. Am liebsten hätte er gesagt: »Können wir endlich weiterfahren, Sie altes Arschloch?« Dann wäre es wohl vorerst nichts geworden mit der schönen Autofahrt.

»Was hast du nur alles in dein Tagebuch geschrieben?« fragte Hans seine Tochter, als sie weiterfuhren. »Der Idiot konnte ja gar nicht genug davon kriegen.«

»Da steht überhaupt nichts Politisches drin.«

»Und wenn schon, was geht das die an. Das war nur eine bewußte Herausforderung. Der glaubte, ich würde mich noch mehr aufregen und Protest machen. Dann hätte er unser Gepäck schön gründlich durchsuchen können.«

»Muß so ein Hundertprozentiger gewesen sein«, vermutete Irma. »Das war doch schon lächerlich.«

Hans wußte für die Zukunft wirklich Bescheid. Wenn man aufgefordert wurde, den hinteren Sitz anzuheben, dann hatte man ihn ohne Murren anzuheben. Wenn sie verlangten, daß man die Motorhaube und Kofferdeckel öffnete, dann hatte man zu springen und dem nachzukommen. Und wenn sie gar verlangten, daß man den Inhalt des Koffers auspacken sollte, dann half auch da kein Widerspruch. Wer die durch die DDR führenden Autobahnen benutzte, der unterstand während der Durchreise den Gesetzen, Anordnungen und auch den Willkürmaßnahmen dieses Regimes.

So fuhren sie mit ihrem ersten eigenen Auto in Richtung Urlaubsort, vorbei an dem Turm vor der großen Elbebrücke, der den Transitreisenden verkündete, daß in Schkopau Plaste und Elaste hergestellt wurden.

Eine Delegation aus Deutschland

Das letzte Tageslicht reichte noch aus und erlaubte den Insassen des Berliner Reisebusses, die zu einer Gruppe junger Gewerkschafter gehörten, ein paar, wenn auch nur flüchtige Blicke auf die Stadt, als sie am Gründonnerstag des Jahres 1965 durch Dresden fuhren. Jetzt noch, zwanzig Jahre nach den schweren Luftangriffen alliierter Bomberverbände, bei denen es an die 35.000 Tote gegeben hatte, bot die einst so sehens- und liebenswerte Elb- und Barockstadt hinter den Fassaden schmuckloser Neubauten und hinter vielen Baugerüsten ein eher trauriges Bild.

»Dafür hätte man nach fünfundvierzig die Amerikaner und Engländer ooch vor een Jericht stellen müssen!« rief der krausköpfige Udo durch den Bus nach hinten. »Der Krieg war doch für die schon gewonnen.«

Er bekam keine Antwort. Wahrscheinlich wußte niemand eine.

»Hans, du mußt uns aus der Patsche helfen«, hatte Wochen zuvor der Verwaltungsstellenleiter der Gewerkschaft Kramer angefleht. »Wir haben niemanden, der über Ostern mit unserer Jugendgruppe die Gedenkfahrt nach Prag, Lidice und Theresienstadt machen kann. Der Jugendsekretär ist auf Hochzeitsreise. Außerdem hats mit dem bei den letzten beiden Fahrten nicht so ganz hingehauen. In Warschau haben ein paar Leute seiner Gruppe nachts in den Straßen die erste Strophe vom Deutschlandlied gegröhlt ...«

»Die dritte Strophe kennt ja auch keiner«, meinte Hans trocken. Dieter Nebel nickte. »Auch die ist nicht gerade dafür geeignet, in Polen gesungen zu werden. Und im vergangenen

Jahr, in der Tschechoslowakei, ist Helmut auch ins Fettnäpfchen getreten. Während seiner Rede in Lidice hat er sich wohl dahingehend geäußert, daß die Tschechen die Deutschen nach dem Krieg auch nicht gerade gut behandelt hätten. Das hörte sich so an, als ob das, was die SS 1942 in Lidice gemacht hat, damit wieder ausgeglichen wäre.«

»So wird Helmut das zwar nicht gemeint haben, aber ungeschickt war es schon«, sagte Hans. »Und eine Rede soll ich da also auch noch halten?«

So war Hans Kramer plötzlich mitten in den Vorbereitungen gewesen. Gemeinsam mit den Jugendlichen hatte er den Film »Transport aus dem Paradies« gesehen, der das Geschehen in einem Konzentrationslager veranschaulichte. Ein paar Tage später hatten sie sich den Vortrag »Die politische Situation der CSSR heute« angehört. Eine Broschüre von Eleonor Wheeler mit dem Titel LIDICE und einiges Informationsmaterial über die Stadt Prag vervollständigten das Wissen der Gruppe zwar noch lange nicht, schafften aber eine brauchbare Grundlage für die Reise.

An der Grenze in Zinnwald wurden sie von einer tschechoslowakischen Reisebegleiterin empfangen, die sich als Frau Hanka vorstellte. Als sie während der Weiterfahrt von einem Mädchen der Gruppe gefragt wurde, wer denn hier im Erzgebirge zwischen zwei sozialistischen Staaten die Wachtürme und Grenzzäune aufgestellt habe, sagte sie nicht: Die Deutsche Demokratische Republik oder gar die Bundesrepublik, nein, sie sagte: »Ihr Deutschen. Ihr baut doch stets so etwas, wir nicht.«

Nachts um ein Uhr wurden ihnen in Prag, im ROH, dem Gästehaus der Gewerkschaften, die Zimmer zugewiesen. Mit Udo, der in den Faser-Werken als Maler arbeitete, zog Hans in eines der wenigen Zimmer mit Bad. Als sie am nächsten

Morgen in einem großen, mit herrlichen Kachelarbeiten verzierten Saal frühstückten, wurde ihnen klar, daß dieses Hotel früher einmal anspruchsvollere Gäste beherbergt haben mußte.

Der Karfreitag war in der Tschechoslowakei kein Feiertag. So hatten sie genügend Zeit und Muße, die goldene Stadt mit ihren schönen Bauten, den vielen Türmen und den Moldaubrücken näher kenenzulernen. Geschichte und Kunst vereinigten sich hier in einer tausendjährigen Tradition. Am Vormittag bummelten sie über den Wenzelsplatz und interessierten sich für die Auslagen und Angebote der Geschäfte, die damals zum großen Teil in privatem Besitz waren. Die Preise für die Grundnahrungsmittel waren niedrig. Auch das Osterangebot an Süßwaren schien nicht zu knapp bemessen. Alles andere dagegen, angefangen von den Schuhen, Textilien bis hin zu dem kargen Sortiment an Rundfunk- und Fernsehgeräten, war teuer und dem Einkommen, wie sie später hörten, in keiner Weise angepaßt.

»Wie viele Touristen aus dem Westen mit ihren Autos hier sind«, stellte die Laborantin Lissy fest. »Engländer, Schweden, Westdeutsche, alle kommen hierher. Die bringen doch Devisen ins Land.«

»Jenau wie wir«, sagte Udo. »Ick hab ooch schon Jeld für zwee Pilsner ausjejeben. Also ehrlich, da verstehe ick die DDR-Regierung nich. Die könnten doch det Devisenjeschäft jenau so mitnehm, anstatt sich abzuriejeln. Denke, die brauchen die harten Moneten so dringend.«

»Die kassieren das Geld eben auf andere Weise«, meinte Jürgen, der aus einer Stadt am Bodensee nach West-Berlin gekommen war, um der Einberufung zur Bundeswehr zu entgehen. »Mit den Gebühren beim Transitverkehr nehmen die am Ende mehr ein als die Tschechen mit dem Tourismus.«

Geschlossen besichtigten sie am Nachmittag die jüdische Synagoge, gingen später über die Karlsbrücke, um die Treppen hinaufzusteigen zur Burg und zum Veitsdom. Am Sonnabendvormittag brachte der Bus sie in das vierzig Kilometer entfernt liegende Kralupy, wo sie, einer Einladung folgend, den Farben- und Lackbetrieb ZAVOD SOCIALISTICKE PRACE besichtigten sollten. Auf der Hinfahrt wies Frau Hanka immer wieder auf die vor Prag gelegenen neuentstandenen Wohngebiete hin. »Alle diese Arbeiterwohnsiedlungen sind in den letzten zwanzig Jahren entstanden.«

Und sehen genauso trist und einfallslos aus wie die Neubauten bei Dresden, dachte Hans. Er interessierte sich viel mehr für das, was sie über das weite Tal der Moldau zu erzählen wußte, das dem Komponisten Bedrich Smetana gleichsam Vorlage war für seinen symphonischen Zyklus MEIN VATERLAND.

Sie näherten sich dem mit roten Spruchbändern geschmückten Tor der Fabrik. »Ach du lieber mein Vater!« rief Udo. »Die Bude ist ja noch'n paar Jährchen älter als unser Laden in Zehlendorf!«

Nach einem sehr herzlich ausfallenden Empfang durch die Betriebsleitung wurden ihnen vor allem die sozialen Einrichtungen vorgeführt. Der große Kindergarten war angefüllt von munter durcheinanderschreienden Stimmen. Die Arzt-, Sanitäts- und Krankenstation blitzte vor Sauberkeit. Dann gab es noch eine große Betriebsküche, in der das Essen an Ort und Stelle zubereitet wurde, und eine umfangreiche Bibliothek.

»Kann sich allet echt sehenlassen«, meinte Udo, als sie durch die Wasch- und Garderobenräume gingen. »Und nirgends sind hier so'ne schweinischen Sprüche an die Wände jekritzelt wie bei uns.«

»Derartige Einrichtungen sind ja wohl kaum in westlichen

Betrieben zu finden«, meinte der Student Neidhard, auch »Neidi« genannt, zu seiner Frau Johanna-Wolfhilde. In der mitgeführten Namensliste hatte Hans festgestellt, daß beide noch im »tausendjährigen Reich« geboren worden waren.

Die Führung durch einige ausgewählte Produktionsabteilungen verlief verhältnismäßig schnell. Es gab auch nicht viel Sehenswertes unter den bunt gemischten Schichten des Farbpulvers. Eine Neuerung führte ihnen der Ingenieur dennoch vor. »Das wurde von einem Arbeiter im Rahmen unseres Verbesserungswettbewerbs gebaut«, sagte er und deutete auf ein etwa vier Meter hohes Eisengestell, an dem Fässer mit Farbpulver in die Höhe transportiert wurden, um sie oben über einer Mischtrommel zu entleeren. Jetzt gab es da oben einen größeren Metallhammer mit einem nach unten führenden Seil. Der Ingenieur zog daran. Der Hammer klopfte gegen den Boden des Fasses. »So wird dafür gesorgt, daß kein Pulver im Faß zurückbleibt.«

»Eine revolutionäre Erfindung«, sagte Schlampi etwas zu laut, denn er zog sich damit einen bösen Blick des Mannes zu.

Als sie später im Kulturraum an den weißgedeckten, in Hufeisenform aufgestellten Tischen Platz genommen hatten, ihnen gegenüber eine Anzahl von tschechischen Arbeiterinnen und Arbeitern, begrüßte sie der Vorsitzende des Betriebsausschusses. Er stand dabei unter einem roten Transparent, das in beiden Sprachen die Aufschrift VÖLKERFREUNDSCHAFT trug. Er sprach ein gutes Deutsch, doch seine Worte wurden den Landsleuten nicht übersetzt. Zufall, Absicht oder Versprecher, Hans staunte, als der Mann sie als »Delegation aus Deutschland« begrüßte, nicht West, nicht Ost und auch nicht West-Berlin. Er sagte ganz einfach »Deutschland«. Anschließend redeten der Betriebsleiter und ein Vertreter der Partei. Genauso gelangweilt wie die Betriebsangehörigen, fingen die Berliner an, von dem reichlich aufgestellten Gebäck zu knabbern und von dem LUDMILLA, dem herben Wein aus Melnik, einem Weinbaugebiet am Zusammenfluß von Elbe und Moldau, zu trinken. Die kurze Rede, die Hans Kramer halten mußte, blieb genauso freundlich-seicht an der Oberfläche, wurde aber übersetzt, weil er nach jedem Satz eine Pause einlegte, und fand viel Beifall. Eine Frage- und Antwortrunde beendete den Vormittag. Das lief so ab, daß die Mitglieder der Gruppe fragten und die Betriebs-, Gewerkschafts- und Parteileitungen antworteten. Die übrigen Leute aus dem Betrieb hatten nichts zu fragen und nichts zu antworten. Sie lächelten.

In einer etwas ausgelassenen Weinstimmung entstanden vor dem Bus ein paar Gruppenfotos, wahrscheinlich für die Betriebs- oder Gewerkschaftszeitung. Darunter würde vielleicht zu lesen sein: »Stark beeindruckt von dem Besuch in einem sozialistischen Musterbetrieb und nach einer offenherzigen Diskussion im Zeichen der internationalen Völkerverbundenheit, fuhr eine Gewerkschaftsjugendgruppe nach West-Berlin zurück.«

Die Auferstehung

Die Stimmung innerhalb der Gruppe war schwer zu deuten. Auf alle Fälle hatten sie sich am Vorabend in der Studentenkneipe unten an der Moldau bei Bier und Knoblauchbroten wohler gefühlt. Jetzt war ihnen, als gingen sie alle zu einer Beerdigung, ohne Kranz zwar, dafür aber mit einem sorgfältig verpackten Rosenstock, den Sybille trug. Einmal war es das Gefühl der Unsicherheit, das Menschen befallen kann, wenn sie das erste Mal im Leben eine gewaltige Kathedrale betreten und nicht wissen, wie sie sich nun verhalten müssen. Bei einigen war es die Beklemmung, die Leute verspüren können, wenn sie über die Schlachtfelder vergangener Kriege gehen und wissen, daß hier einmal unzählige junge Soldaten, den Befehlen kriegswütiger Staatsmänner gehorchend, sinnlos starben; wenn sie wissen, daß die Wurzeln der Gräser und Blumen, auf die sie bei jedem Schritt treten, aus einer blutgetränkten Erde wachsen. Waren das die Gefühle, die sie bedrückten, als sie am Ostersonntag 1965 den Boden von Lidice betraten? Sie waren jung, zum großen Teil erst nach dem Krieg geboren. In den Schulen hatten sie von Napoleons Feldzug nach Rußland gehört, von den vielen Soldaten, die nach seiner Niederlage in der fremden Erde zurückgeblieben waren. Sie hörten von seiner letzten Schlacht bei Waterloo, fanden in den Geschichtsbüchern die Namen von Wellington und Blücher, gepriesen als »große Feldherren«, weil sie tausende von kleinen unbekannten Soldaten in ihr Verderben trieben. Sie wußten aus ihrer Schulzeit eventuell auch etwas vom Untergang der 6. Armee Hitlers in Stalingrad. Das war Vergangenheit, gehörte zur Geschichte, war längst – über jede Trauer hinweg – von den grausamen Kriegsereignissen dieser Tage in Vietnam aus den Gedanken verdrängt.

Und hier? Was wußten sie vor Beginn der Vorbereitungen für diese Fahrt von dem Geschehen in der Nacht des 9. Juni 1942 in dem Dorf Lidice? Hans hatte sie danach gefragt. Von den rund dreißig Teilnehmern wußten drei etwas davon, und das waren Studenten. Allen anderen war während ihrer Schulzeit nichts darüber berichtet worden. Hans fragte auch seine Betriebsratskollegen. Nur die Älteren konnten sich daran erinnern. Damals, 1942, als bekannt wurde, daß die SS im Zuge der Fahndung nach dem Mörder des SS-Obergruppenführers Heydrich in Prag ein ganzes Dorf dem Erdboden gleichmachte, in einer Nacht 192 männliche Dorfbewohner ermordete, alle Frauen und Kinder verschleppte, um sie in Konzentrationslager zu bringen, damals hörte die ganze Welt davon. Die Verantwortlichen hatten kein Geheimnis daraus gemacht. Im Gegenteil, Warnung und Vergeltung wirkten doch nur, wenn die Gegner des Nationalsozialismus auch davon erfuhren.

Als Hans mit einem älteren Arbeiter, der 1945 das Sudetenland verlassen mußte, darüber sprach, sagte der Mann: »Ja, von Lidice und Lezaky haben wir etwas gehört damals in Teplitz-Schönau, wo unsere Heimat war. Die hatten doch irgend so ein hohes Tier von der SS ermordet. Ich habe das immer als eine Strafe Gottes im voraus gesehen für das, was die Tschechen 1945 mit uns gemacht haben.«

Es war sinnlos, mit dem Mann weiter darüber zu diskutieren. Der tiefsitzende Haß bei manchen Menschen, die ihr eigenes Mitverschulden einfach nicht sehen wollten, würde wohl erst mit den kommenden Generationen verschwinden.

Sogar Udo und Schlampi unterließen ihre gegenseitigen Sticheleien, als sie über das weite Tal blickten, in dem einst das alte Dorf gestanden hatte, dessen Reste damals vom Reichsarbeitsdienst beseitigt worden waren. Im neu angelegten Ort wurden sie vor dem Kulturhaus von einer alten Frau mit freundlichem Lächeln begrüßt. Sie hatte in jener Juninacht Mann und Sohn verloren und gehörte zu den wenigen Frauen, die aus den Konzentrationslagern in die Heimat zurückgekehrt waren. Hans konnte sich denken, daß es doch recht schlimm sein mußte für diese Frau, den neugierigen und fotografierenden Leuten aus aller Welt wie eine Führerin durch ein Museum immer wieder von der Geschichte des Dorfes zu berichten. Vielleicht war es so. Aber als sie dann anfing zu sprechen, als sie erzählte, und als er zugleich die betroffenen, ja oft ungläubigen Gesichter seiner jungen Kollegen sah, begriff er, wie wichtig es dieser alten Frau war, als Sprecherin aller hier ruhenden Toten und aller heute hier Lebenden das Geschehen von damals als mahnenden Apell zu überliefern. Für sie mußte es jedesmal wie eine Auferstehung all der Menschen sein, die hier einmal lebten, liebten, lachten und weinten.

Mit fester Stimme, für die Deutschen allerdings übersetzt, berichtete sie, wie das Dorf nachts um halb zwölf, als die meisten Leute schliefen, von den SS-Einheiten umstellt worden war ... Ein Dorf von vielen Dörfern, in der Senke träumend und von fruchtbaren Äckern umgeben. Unregelmäßig gegliedert die Häuser und Gehöfte. Das Grün der Bäume, jung noch im Juni. Dazwischen der alte Mühlteich, der zur Kahnfahrt einlud. Die mehr oder weniger fröhlichen Gesichter der Jungen und Mädchen auf dem Weg zur Lidicer Volksschule. Der wuchtig aufragende Bau der Kirche mit hohen Fenstern und einem kurzen, gedrungen wirkenden Turm. Ein Ort der Andacht und der Zuflucht, wenn, ja wenn die Menschen wissen, daß eine Gefahr auf sie zukommt. Hier wußten sie es nicht, ahnten es nicht einmal. Klein dagegen das Bienenhaus des Pfarrers Josef Stemberka, der trotz einer Begnadigung von Seiten der SS-Führung freiwillig mit den anderen Männern in den Tod ging. Und das Horákische Anwesen, das noch so viel Blut sehen sollte in seinen Mauern, bevor sie es plünderten und niederbrannten.

Die Frau erzählte, wie sie alle aus den Betten getrieben wurden, wie sie sich auf dem Dorfplatz versammeln mußten, wie sie verstört und erschrocken fragten und doch keine Antwort bekamen. Sofort waren die Männer von ihren Frauen und Kindern getrennt worden. Sie sahen ihre Männer niemals wieder, nachdem sie in derselben Nacht nach Kladno abtransportiert wurden. Hier nahmen sie den Frauen die Kinder weg. Von den 104 Kindern unter fünfzehn Jahren überlebten dreiundzwanzig.

Die Frau sagte: »Unsere Männer, Bergarbeiter, Hüttenwerker, Bauern, Kaufleute, Staatsangestellte, unsere Jungen, die gerade erst begonnen hatten, einem Beruf nachzugehen, wurden von den Faschisten aus dem Keller des Horákischen Hauses getrieben und dann erschossen. Selbst diejenigen Kumpel, die zur Nachtschicht waren, wurden, als sie ahnungslos von ihrer Arbeit kamen, nach Prag gebracht und dort ohne jeden Richterspruch ermordet. Die Toten wurden hier in ein Massengrab geworfen und verscharrt ...«

Die Frau schwieg, als eines der Mädchen plötzlich aufschluchzend die Hände vor die Augen schlug und zur Seite geführt werden mußte.

»Und das alles zur Zeit unserer Väter«, sagte Udo bedrückt.

Nach 1945 kehrten nur wenige heim. Sie riefen die Deutschen immer wieder auf, die Kinder zurückzugeben. WO SIND DIE KINDER VON LIDICE? hieß es auf vielen Plakaten. Sieben der

Kinder hatte der SS-Führer Krumey seinerzeit als »rückdeutschungsfähig« befinden lassen. Ein Befund, der den Kindern wenigstens das Leben rettete.

Die Frau nickte, als ihr Blick über die schweigende Gruppe ging. »Ihr seid noch jung, wie die meisten aus den vielen Ländern, die zu uns kommen. Die Schuld soll nicht übertragbar sein auf nächste Generationen. Aber ich muß euch sagen: Verhindert einen neuen Faschismus, denn er ist die Wurzel allen Übels. Bekämpft auch den Militarismus, wo ihr ihm auch begegnet. Nur dann kann sich ein Lidice nicht wiederholen.«

Als sie in dem großräumig angelegten Rosenhain vor dem hohen, schlichten Holzkreuz standen, das gleich dem peinigenden Dornenkranz Christi mit einem Ring aus Stacheldraht umgeben war, sprach auch Hans Kramer ein paar Worte. Überraschend schnell fanden sich viele einheimische Zuhörer ein, als er sagte, daß nicht die Tourismuswelle, die selbst vor derartigen Gedenkstätten nicht mehr halt machte, sie hier hergeführt habe, sondern das Bedürfnis nach dem Wissen um die nationalsozialistische Vergangenheit, das der Jugend in den Schulen, sei es aus Scham oder Gleichgültigkeit, von den Lehrern oft verschwiegen würde. Er sagte, daß es immer noch genügend Leute gebe, die das Gift faschistischer Denkart versprühten, während andere die Köpfe tatenlos in den Sand steckten. »Wir als junge Deutsche können hier materiell nichts tun. Das wird auch niemand von uns erwarten. Aber mithelfen können wir, zu verhindern, daß sich ähnliches Unrecht wiederholt. Hier an dem Ort müssen wir versprechen, noch wachsamer zu sein, indem wir uns das Recht aller freien Menschen nicht nehmen lassen, gegen jede Unterdrückung zu kämpfen und unsere Meinung an jedem Ort und zu jeder Zeit frei und offen äußern zu dürfen!«

Sybille und Schlampi pflanzten den Rosenstock in eine Lücke zwischen den unzähligen anderen Rosen. Hans schloß seine Ausführungen mit den Worten von Friedrich Schiller:

Möge nie der Tag erscheinen,
Wo des rauhen Krieges Horden
Dieses stille Tal durchtoben,
Wo der Himmel,
Den des Abends sanfte Röte
Lieblich malt,
Von der Dörfer, von der Städte
Wildem Brande schrecklich strahlt.

Alt werden wa alle mal

Den Bewohnern der großen Laubenkolonie zwischen der alten Stammbahnstrecke und der Grenze nach Kleinmachnow war vom Bezirksamt die Pacht gekündigt worden. Die in der ersten Hälfte der dreißiger Jahre gegründete Kleingarten-Siedlung sollte bis zum Sommer 1965 abgerissen und eingeebnet werden. Geplant war hier die Erweiterung der westlich der Kolonie entstandenen Wohnsiedlung. Das Neubaugebiet sollte auch eine Ladenstraße, eine Grundschule und seine eigene Kirchengemeinde erhalten.

Viele der Laubenbesitzer hatten sich sehr wohl gefühlt in ihren schönen Gärten, zwischen den Blumen und den inzwischen alt gewordenen Obstbäumen. Elisabeth Kramer allerdings war glücklich über die ihr zugeteilte Wohnung. »Det hätt ick mir nie im Leben träumen lassen«, sagte sie, und ihr mit den ersten Runzeln durchsetztes Gesicht strahlte, »det ick mal in die feine Ecke, in die Onkel-Tom-Straße und so janz dichte am Jrunewald wohnen werde. Ach, det ist janz jut so. Wat soll ick olle Frau mit dem Jarten? Hilft mir ja doch keener bei die Arbeit. Ihr seid bloß immer jekomm' in die letzten Jahre, um een paar Blumen oder een Netz voll Äppel zu holen. Und denn det Klosett. Immer mußte ick Helmut betteln, det er den Bottich mal jeleert hat. Jetzt hab ick ooch eens mit Wasserspülung.«

»Und eene große Badewanne ham wa ooch«, stimmte Helmut in den Lobgesang mit ein. »Da kann ick doch endlich mal zu Hause duschen. Die Heizung braucht man ooch nur uffzudreh'n, schon ist es warm. Die Laube hier, die wird nun abjerissen und det Holz verkooft.«

Aber mit dem Ende der Laubenkolonie war auch für Elisabeth Kramer der Ablauf ihrer Lebensjahre vorausbestimmt. Anderthalb Jahre konnte sie den bescheidenen Luxus ihrer Wohnung noch genießen. Eines Tages ging auch Helmut, ihr Jüngster, auf die Wanderschaft, um mehr zu sehen von der Welt. So blieb die Mutter mehr und mehr allein, bekam nur noch regelmäßig den Besuch ihrer Tochter Irene und deren Familie. Hans kam nur selten, denn die vielen Aufgaben, die er übernommen hatte oder die ihm aufgetragen wurden, und seine eigene Familie ließen ihm kaum Zeit.

Für eine Frau, die in ihrem Leben immer von Menschen umgeben gewesen war, in ihrer Jugend von sieben Geschwistern, dann von ihrem Mann, den eigenen fünf Kindern und einer zahlreichen Verwandtschaft, die stets die Zügel in den Händen behielt und sie oft sehr straff und hart angezogen hatte, für diese Frau mußte das Alleinsein dreimal so schwer wiegen. So war nur ihre Tochter zur Stelle, als sie ganz plötzlich ins Krankenhaus eingeliefert wurde, wo sie verstarb.

Überwiegend waren Helmut und Kurt mit dem Abriß der Wohnlaube beschäftigt, die in den dreißig Jahren ihres Bestehens so viel erlebt hatte. Hans konnte nur an den Wochenenden helfen. Immer wieder stellten sie beim Abreißen fest, daß ihr Vater damals alles sehr solide gebaut hatte, obwohl er sich dabei hoch verschulden mußte. Die Bretter und Balken, die sie jetzt sorgfältig aufstapelten, waren an keiner Stelle angefault. Elisabeth, die ihre Söhne mit Kartoffelsalat, Butterbroten und Bier versorgte, sagte dazu: »Nich mal die Bombe damals, die so dichte bei uns rinjehaun ist, hat es jeschafft, die Laube umzukippen. Und wat war drüben mit die Einfamilienhäuser, bei Herings-Schuster hinten? Nur Schutthaufen sind jeblieben.«

1964 – Am Bahnhof Düppel. Wo einmal auf der zweigleisigen Strecke die Züge vom Berliner Potsdamer Bahnhof in Richtung Westen fuhren, stehen nun Mauer und Wachttürme.

Im äußersten Winkel des Bezirks Zehlendorf – verträumt und nur noch selten benutzt die Kanaleinfahrt der Teltow-Werft.

»Det war ja ooch 'ne Luftmine, Mama«, sagte Kurt. »Die hätte uns ooch janz schön aus die Socken jestoßen. Sollen wir den Lichtmast ooch umsägen? Ist schönet, festet Holz.«

»Biste denn meschugge?« rief seine Mutter. »Der Mast jehört doch die BEWAG. Den kannste nich einfach absägen, sonst muß ick ihn am Ende noch bezahlen. Denn jehts mir so wie den Latschers drüben.«

»Was war denn mit Latscher?« fragte Hans und wischte sich mit dem Handrücken den Schweiß von der Stirn. »Der hat ja ziemlich flink abgerissen. Letzten Sonntag stand seine Villa doch noch?«

»Von wejen abjerissen«, grinste Kurt. »Die olle Pfeife hat allet Jerümpel in die Bude jeworfen, und denn hat er een Streichholz ranjehalten. Der Nappkuchen dachte, so jeht det am schnellsten und er spart sich die ville Arbeit.«

»Und jetzt wird er hübsch zur Kasse jebeten«, fuhr Elisabeth fort. »Wir waren an dem Tag nich hier, soll aber een Riesenfeuer gewesen sein. Die Zehlendorfer Feuerwehr kam mit zwee Löschzüge, weil doch die Leute in die neuen Häuser hinter Latschers Jrundstück Angst hatten, det sie jleich mitabbrennen könnten.«

»Denen sind sämtliche Festerscheiben zersprungen von der Hitze«, sagte Helmut. »Und natürlich brannte sein Lichtmast jleich mit. Kannst dir ja ausrechnen, Langer, wat nun allet uff den Idioten zukommt. Die Kosten für die Scheibe, für den Mast, für die Feuerwehr und dazu kriegt der bestimmt noch eene saftije Jeldstrafe uffjebrummt.«

Sie machten eine Pause.

Hans sah über die noch verbliebenen Fundamente und meinte: »Und wo soll später mal die Gedenktafel angebracht werden?«

Seine Mutter stutzte, vergaß sogar den nächsten Zug aus

ihrer Zigarette. »Wieso? Wat denn für 'ne Jedenktafel? Wollteste Vatern damit ehren?«

»Nee, meine Gedenktafel«, sagte Hans trocken. »Berühmt gewordene Leute, wie Politiker, Maler oder Dichter kriegen doch später mal eine Messingtafel an ihr Geburtshaus.«

»Nun rastets bei ihm aus!« rief sein Bruder Kurt. »Jetzt schnappt der Lange über. Ick werde dir hier an die Stelle eenen Balken in die Erde buddeln und een Schild rannageln: Hier hat der Dichter Hans Kramer seine Jeschwister veräppelt! Ob die Bauarbeiter det allerdings stehn lassen … Aber mal wat anderet, Langer. Von dir liegt hier nämlich schon wat in die Erde. Damals, fünfundvierzig, als der Iwan anrückte, da haben wir doch deine Orden, die Soldatenbilder von dir, die Hitlerbücher und Mutters Mutterkreuz, det haben wir alles im Keller hinter die locker uffjeschichteten Steine geschmissen. Ob det Zeuch noch zu finden ist?«

»Da ist doch nischt mehr von übrig«, winkte Elisabeth ab. »Da findet ihr nischt mehr von.«

»Sag det nich, Mutter.« Kurt und Helmut fingen gleich an, den Schutt zur Seite zu schaffen. »Det Zeuch liegt nich tief. Den Schutt schmeißen wa hinterher wieder in die Kellerjrube.«

»Was heißt überhaupt Hitler-Bücher«, rief Hans, der seinen Brüdern beim Graben half. »Dabei kann es sich doch nur um Mein Kampf handeln. Den habe ich von der Innung nach der Gesellenprüfung bekommen.

«Eine halbe Stunde später hatten sie den halbvermoderten Karton gefunden. Die Orden waren noch gut erhalten. Mit den Fotos war nichts mehr anzufangen. Und auch Hitlers Mein Kampf hatte, wie er selbst, die Zeit nicht überlebt. »Schade«, sagte Hans. »Damals hat das niemanden interessiert, aber heute würde ich das gerne mal lesen. Jetzt sieht's aus wie ein vollgesaugter Schwamm.«

»Wenn wa det rausjeholt hätten, als die Amis hier waren, hätten die schön wat für springen lassen«, überlegte Elisabeth.

»Ja, jede Menge Zigaretten. Die hätten sich doch längst in Rauch aufgelöst, Mutter. Nee, die Sachen behalte ich als Andenken an unsere Laube. Sagt mal, weil wir gerade von Laube reden, wer reißt denn dem ollen Laube drüben alles ab, wo der doch kaum noch was sehen kann?«

»Weeß ick nich«, sagte Kurt. »Vielleicht bestellt der sich eenen Bulldozer. Vorhin habe ich ihn da noch rumjeistern sehen.«

Hans stellte den Spaten zur Seite. »Mit dem würde ich gerne mal ein paar Worte reden. Macht ihr schon mal weiter inzwischen.«

»Jawoll, Langer, machen wir! Wie Sie befehlen, Herr Betriebsrat!«

»Mensch, Junge, da freu ick mir aber wirklich, dette mal rüberjekomm bist zu mir!« Sie saßen unter dem alten Pflaumenbaum, der im Frühjahr noch einmal in voller Blüte stand, und der nun, wie alle Bäume auf dem Gelände, zum Sterben verurteilt war. »Helft ihr Muttern drüben beim Abreißen. So muß det ooch sein. Wozu hat man sonst seine Kinder, wenn die im Notfall nich mal mit anpacken können, wa? Ick muß mir ja nun janz fremde Leute dafür holen. Kostet mir aber nischt. Die kriejen den janzen Klumpatsch dafür.«

»Hat Eva denn keinen Freund, der mithelfen könnte?« Hans sah den alten, hageren Herrn mit dem dünnen Haar an. Das Gesicht war vom Alter gezeichnet, und die starke Brille konnte den Augen auch nicht mehr helfen.

»Meine Kleene meinste? Nee, zur Zeit hat die wohl keenen, nich det ick wüßte. Wir beede wohnen doch nun hinten in die Telefunken-Siedlung. Ist nich so weit von unsere Selma drüben in Teltow entfernt. Eva sorgt een bißchen für mir. Du hast ja wohl jehört, Junge, det ick kaum noch zu zwanzich, ach wat, zehn Prozent kieken kann mit die Oogen. Aber wat soll man machen? Alt werden wa alle mal.

Was für ein Mann war das früher, dachte Hans. Ein Mann, der ihm oft mit Rat und Tat zur Seite gestanden hatte, der ihm mehr helfen konnte als die eigenen Eltern. Nie hatte Laube mit Anerkennung gespart, wenn Hans ihm seine Zeichnungen zeigte, die Autos und die Gebäude, die er als Junge auf dem Papier entwarf. Laube war überzeugter Kommunist gewesen, einer, der 1933 als junger Mann nicht zur SA übergelaufen war, weil es da warmes Essen und warme Kleidung gab.

»Nee danke, ein Bier reicht mir«, wehrte Hans ab, als Laube zwei neue Flaschen unter dem Tisch hervorholte. »Bin nämlich jetzt auch unter die Autofahrer gegangen, wissen Sie. Ist zwar ein alter Schlitten, bin aber zufrieden damit.«

»Na, die eene Pulle trinkste trotzdem noch. Ick sage immer, wie hat sich die Welt doch verändert, wa? Wann haste früher hier in die Kolonie mal een Auto jesehn? Jezeichnet haste die Dinger, mehr nich. Een Arbeiter und een Auto, det paßte doch überhaupt nich zusammen. Selma und ihr Mann drüben in Teltow haben ooch schon een Auto. Jehört wohl jetzt mit zum Sozialismus sowat.«

»Wie gehts denn der Selma so?«

Es dauerte eine Weile, bis der alte Mann die Antwort fand. »Wat soll ick dir uff die Frage antworten? Brot verkooft sie in eene Bäckerei, aber sonst ... Ick weeß nich recht. Selmas Mann, den hab ick ja vor einundsechzig det letzte Mal jesehn, und Selma natürlich ooch. Haben uns damals janz jut verstanden, wenn wa so über det kommunistische Manifest, über Marx und Engels oder über Lenin jeredet haben. Dachte damals, een juter Mann für Selma. Ville schreibt sie ja nich, und wat sie so schreibt, davon weeß ihr Mann wahrscheinlich nischt. Jut, nun ham se beede den Jungen. Aber det scheint mir ooch der einzije Zusammenhalt zu sein.«

»Sie glauben, daß sie nicht glücklich ist in Teltow?«

»Glücklich hin, glücklich her, wer ist schon ständig glücklich in eene Ehe. Aber damit müssen die beeden ja selbst fertich werden, wa? Aber ooch so, det Janze da drüben schmeckt mir nich. Kiek mal, ick jloobe nach wie vor an det, an det ick schon immer jejloobt habe. Meine politische Einstellung hat mein janzet Leben bestimmt, damit hab ick sojar die Nazis überlebt. Aber wat die nun alles in die DDR anstellen und ooch noch Kommunismus und Sozialismus nennen, det kommt mir vor wie een Chemisett ohne Knöppe.«

Er trank einen kräftigen Schluck aus der Bierflasche. »Wat soll zum Beispiel die janze Mauerbauerei, die Dichtmacherei, die Trennung von janze Familien? Sowat tun doch nur Leute, die an ihre eijene Überzeugung zweifeln. Am wahren Kommunismus aber jibts für mich nischt zu zweifeln. Nee, die haben Schiß vor ihre eijenen Leute. Oder wie siehst du det? Ick habe schon damals zu Selmas Mann jesacht, det kann doch nich die Abschaffung von die Klassengesellschaft sein, wenn ihr hinter euch mit'n Arsch allet wieder umkippt und neue Klassen schafft. Da jibts nun den Arbeiter- und Bauernstaat, schön und jut. Denn jibts da die Intellijenzler. Aber wer Doktor ist oder sonst eenen akademischen Titel hat, der darf seine Kinder nicht studieren lassen. Wozu soll det jut sein, frach ick mir? Und wie ist det mit die Bauern? Logisch war für mich, det man nach dem Krieg die Jüter von die Jroßjrundbesitzer uffjeteilt hat. Det war jerecht. Aber denn kams wieder janz anders. Der Bauer ist heute ooch bloß Arbeiter, denn det Jenossenschaftliche, wo jeder seinen Hof hat und wo sie sich alle miteenander helfen tun, mit die Maschinen und so, det ist dabei in die Binsen jejang. Mir schmeckt det alles nich. Und kiek mal jetzt, die Jeschichte da uff'n Teltow-Kanal. Die könn doch nich einfach mit'n Maschinenjewehr uff Leute schießen, die im Paddelboot sitzen und bei Kohlhasenbrück über die Jrenze paddeln. Also allet wat recht ist, so jeht det nich weiter. Det erinnert mich zu stark an die Zeiten, die wir doch nun endjültich als überwunden ansehn wollen.«

Am 15. Juni 1965 wurde der dreiundzwanzigjährige Hermann Döbler gegen vierzehn Uhr bei Albrechts-Teerofen von DDR-Grenzposten erschossen. Seine Frau erlitt schwere Verletzungen. Hier handelte es sich nicht um die so bezeichnete REPUBLIKFLUCHT. Hier waren es zwei Wassersportler aus West-Berlin. Ihr einziges Vergehen konnte eventuell darin gesehen werden, daß sie entweder unwissend oder leichtsinnig waren, als sie mit ihrem Paddelboot auf dem Teltow-Kanal über die Grenzen Zehlendorfs hinausfuhren.

Der Vorfall löste heftige Diskussionen in der Öffentlichkeit aus, wobei es auch um die Frage ging, mußten die Soldaten, die von ihrem Turm aus ein weites Blickfeld hatten, auf die Menschen schießen? Hätte nicht ein einfaches Zurückweisen genügt? Noch deutlicher wurde nun allen, daß es für die Grenzposten einen uneingeschränkten Schießbefehl gab.

In der Meldung über den Vorfall an das Mitglied des Politbüros Erich Honecker, zu der Zeit zuständig für Sicherheitsfragen, ging es dann gar nicht so sehr um den erschossenen Mann, als vielmehr um die Frage oder Sorge, »daß nach dem Vorfall mit einer starken Reaktion im Zusammenhang mit dem 17. Juni in West-Berlin gerechnet werden müsse«.

Die Insulaner

»Glatt die Platze könnte man sich ärgern über die Dummheit mancher Leute!« schimpfte Irma Kramer, als sie beim Abendessen am Wohnzimmertisch saßen. »Die brauchen sich nur in einer Reihe aufstellen und warten, bis sie rankommen. Aber nee, einige, die besonders ausgebufft sein wollen, versuchen immer wieder, sich von links dazwischen zu drängeln.«

»Deine Sorgen, Mama«, sagte ihr sechzehnjähriger Sohn Joachim. »Es gibt eben welche, die wollen nicht immer von rechts, sondern auch mal von links kommen. Und für all den Ärger zahlt dir dein geiziger Chef ganze fünf Mark die Stunde. Soviel kriegen wir ja fast als Lehrlinge bei der Post.«

Jedesmal, wenn Irma Kartoffelpuffer machte, blieb der Geruch von gebratenem Fett noch lange in der Wohnung hängen. Aber Hans aß nun einmal Kartoffelpuffer sehr gern. Daß Irma während des Essens von ihren Erlebnissen beim Eier- und Geflügelverkauf auf den Wochenmärkten erzählte, war schon zur Gewohnheit geworden.

»Am nettesten sind die Schwulen, ehrlich, da kann einer sagen was er will. Benehmen haben die Leute. Da kommen immer zwei auf den Schlachtenseer Markt. Sind beide so um die vierzig rum. Der eine macht ganz auf Frau, hat Locken im Haar und trägt bunte Blusen. Einkaufen muß aber der andere, doch nie ohne zu fragen: Nehmen wir heute ein Hähnchen mit, Liebling? Und an wieviel Eier denkst du, Schatz? Von den Kunden rümpfen dann manche die Nase, aber das stört die beiden nicht. Und dann die Markthändler mit ihren blöden Hänseleien. Aber was willst du von denen schon groß verlangen?«

Natürlich merkte Irma, daß ihre drei nur mit halbem Ohr zuhörten. Joachim konnte nicht schnell genug essen, um in sein Zimmer zu verschwinden, aus dem schon bald die ersten Klänge seiner Gitarre zu hören waren. Renate hatte auch immer viel vor, und Hans – entweder war er mit den Vorbereitungen des nächsten Treffens der Jugendgruppe beschäftigt oder er saß an dem schweren Schreibtisch, den er von seinem Schwiegervater geerbt hatte und brachte seine Gedankengänge per Reiseschreibmaschine zu Papier.

»Unser Juniorchef, der hält natürlich zu seinen Marktkumpanen«, fuhr Irma fort, die ihren Teller nach dem zweiten Kartoffelpuffer zur Seite geschoben hatte. »Die glauben dem auch alles, was der so quatscht. Vor ein paar Tagen hat er dem Heringsbändiger erzählt, daß er grundsätzlich mit hundertfünfzig durch die Zone fährt, wenn er nach Westdeutschland muß, und daß die Vopos ihm immer nur ganz verdattert nachgucken.«

»Ach, der Spinner«, winkte Hans ab. »Am Kontrollpunkt würden sie ihn spätestens schnappen. Der muß die da drüben noch hassen wie die Pest, dabei war der in den fünfziger Jahren selbst bei der Volksarmee, bevor er hier rüber kam.«

»Wahrscheinlich hat sein Gequassel gar nichts mit der DDR zu tun«, meinte Irma. »Der schließt sich nun mal allzuschnell der allgemeinen Meinung an, das ist es. Wenn alle auf die da drüben schimpfen, dann muß unser Juniorchef das am lautesten tun.«

Hans half seiner Frau beim Geschirrspülen. Es hatte sich so eingespielt, seitdem Irma, den Montag ausgenommen, auf den Märkten arbeitete, daß er an den Sonnabenden, wenn er frei hatte, die Wohnung sauber machte. Er saugte dann Staub, putzte bei Bedarf die Fenster und kochte die vorbereitete Gemüsesuppe. Gegen 14.00 Uhr holte er seine Frau mit dem

Auto ab, und nach dem Essen übernahm er den Abwasch, damit sie ein bißchen Ruhe hatte.

»Der Insulaner verliert die Ruhe nicht! Der Insulaner liebt keen Jetue nicht...« tönte es aus dem Küchenradio. »Wiederholung«, meinte Hans. »Dem Günter Neumann fällt scheinbar auch nichts Neues mehr ein.«

»Wie oft sitzt du denn beim Geschichtenschreiben da und knabberst am Bleistift, weil dir nichts einfällt. Ist eben alles schon zu sehr zur Gewohnheit geworden mit der Grenze und der Mauer, mit hüben und drüben.«

»Die STACHELSCHWEINE gefallen mir sowieso besser als die INSULANER«, sagte Hans. »Da steckt mehr Pfeffer hinter.«

»Dafür höre ich die Theaterkritiken von Friedrich Luft lieber«, lachte Irma. »Ins Theater könnten wir übrigens auch mal wieder gehen.« Als der Abwasch erledigt und die Küche aufgeräumt war, schlug Hans vor, daß sie beide noch ein bißchen an die frische Luft gehen könnten.

»Frische Luft habe ich zwar den ganzen Vormittag gehabt, aber es ist ja noch schön warm draußen. Laß uns doch mal wieder zur Glienicker Brücke fahren.«

Mit dem Auto ging das schnell. An Düppel vorbei, die Potsdamer Chaussee hoch, dann durch Wannsee, und es dauerte keine zwanzig Minuten, bis sie den Wagen am Glienicker Volkspark abstellen konnten.

Gegenüber, auf der anderen Straßenseite, nahm die Grenze einen seltsamen Verlauf. An zwei Stellen, vor und hinter dem Böttcherberg, kamen Grenzzaun und Mauer bis dicht an die Straße heran. Schon als die Reichsstraße 1 in der heutigen Breite angelegt worden war, hatte sie das einstige Gesamtbild der Schloß- und Parkanlagen jäh zerrissen. Nun tat die Grenzmauer ihr Übriges. Die Verbundenheit zwischen dem Schloß Glienicke des Prinzen Carl von Preußen, dem gegenüberliegenden Kurfürstlichen Jagdschloß und dem hinter der Glienicker Lake gelegenen Kaiserschloß Babelsberg gab es nun nicht mehr. Die Gründe der Weigerung, einen Gebietsaustausch vorzunehmen, lagen klar auf der Hand. So wie es jetzt aussah, konnte die DDR jedem Schiff, das von der Havel kommend in den langgestreckten Griebnitzsee wollte, um die Wannseer Seenkette oder den später wieder instandgesetzten Teltow-Kanal zu erreichen, die Durchfahrt versperren. Außerdem bohrten sich die Grenzanlagen jetzt stachelartig in das Gebiet West-Berlins hinein und gestatteten den Grepos sehr willkommene Einblicke.

Genau umgekehrt sah es mit dem Grenzverlauf in Steinstücken und bei Albrechts-Teerofen aus. Hans kannte einen Arbeitskollegen, der in der Enklave Steinstücken wohnte. Bevor später nach langen Verhandlungen endlich eine unkontrollierte Straße zu der abgeriegelten Wohninsel, die von den Amerikanern immer wie ein US-Fort betrachtet wurde, gebaut werden konnte, mußte der Mann stets einen Passierschein vorzeigen, bevor er von der kleinen Insel zur großen Insel West-Berlin durfte. Das galt natürlich für alle Einwohner Steinstückens.Und noch ein Stück weiter draußen, südlich von Zehlendorf, lag ein ebenfalls zu Berlin gehörendes Stück Land, das sich »Wüste Mark« nannte und in all den Jahren von einem Zehlendorfer Gartenbaubetrieb bewirtschaftet wurde. So hatte der Bau fester Grenzen überall am Rande der Stadt seltsame Gebilde geschaffen.

Heute, vier Jahre nach der Grenzsperrung, fuhren die Berliner hinaus in den Volkspark Klein-Glienicke, um spazierenzugehen oder um Besuchern von außerhalb an den Ufern der Havel die Sonderheiten der Berliner Randgebiete zu zeigen. Dazu gehörte zum Beispiel die Glienicker Brücke, deren mächtige Stahlkonstruktion in die zu Potsdam gehörende Berliner Vorstadt hinüberführte. Die Brücke wurde besonders bekannt, als auf ihrer Mitte Agenten aus Ost und West miteinander ausgetauscht wurden. Doch obwohl sie den Namen BRÜCKE DER EINHEIT trug, durfte sie nur von bestimmten alliierten Fahrzeugen passiert werden. Es war überhaupt schwer zu begreifen, was die Machthaber der DDR eigentlich unter »Einheit« verstanden. In Potsdam hatten sie den Platz, der früher streng preußisch »Wilhelm-Platz« hieß, in PLATZ DER EINHEIT umgetauft. Und in der von Johannes Becher geschriebenen und von Hanns Eisler komponierten DDR-Hymne »Auferstanden aus Ruinen« hieß es in der ersten Strophe: »Deutschland, einig Vaterland«. Doch dann war es nicht erwünscht, diesen Text auch zu singen.

Jahre später, nach der Wiedervereinigung, hörte Hans Kramer von einem Verwandten, der Unteroffizier bei der Nationalen Volks-Armee und danach bei der Volkspolizei war, daß sie sich immer ziemlich blöde vorgekommen waren, wenn bei offiziellen Veranstaltungen die Hymne gespielt, sie aber nicht mitsingen, sondern dabei nur strammstehen durften.

Auch heute, als die Sonne sich anschickte, an der Stelle, wo ungefähr der Park von Sanssouci liegen mußte, hinter Potsdam zu versinken, standen ein paar Autos aus der Bundesrepublik vor dem Schloß Glienicke. Rechts neben der Brücke gab es eine Stelle, von der man hinüberblicken konnte auf das Havelufer. Vor zwei einzeln stehenden Kolonnaden, die jeden Fremden neugierig machen mußten, weil er dahinter zu Recht noch viel mehr an alten, schönen Bauwerken vermuten konnte, hingen eine schwarz-rot-goldene Fahne mit Hammer und Zirkel an den Masten. Sonst waren drüben nur die hinter dem Grün der Bäume versteckten Häuser an der Schwanen-Allee zu erkennen.

»Kann man denn von einer anderen Stelle nicht etwas mehr von Potsdam sehen?« wurden Kramers von einem Mann gefragt, der zwei ältere Damen bei sich hatte, Hannoveraner, wie sich später herausstellte.

»Das kann man schon«, antwortete Hans. »Dazu müßten wir aber über die Straße und auf das Grundstück vom Jagdschloß Glienicke gehen. Mal sehen, ob das zur Zeit überhaupt möglich ist.«

Niemand hielt sie auf, als sie zehn Minuten später hinter dem Jagdschloß zwischen den Bäumen wieder an das Ufer der Havel kamen. Von hier aus sahen sie nicht nur die südliche Seite der Brücke, sie blickten auch auf einen Teil von Potsdam. Es war nicht gerade das schönste Stück der Stadt, doch von den letzten Strahlen der Abendsonne beschienen, zeigte sich ihnen die hohe Kuppel der Nikolai-Kirche.

Eine der Damen meinte abschließend: »Potsdam würde ich mir ganz gerne einmal ausführlich ansehen. Aber ob wir da jemals einfach so ohne Kontrollen hinfahren können ...«

Darauf wußten Kramers natürlich auch keine Antwort.

Es geht um nichts Geheimnisvolles

Der erste Badeurlaub, den Irma und Hans mit ihren Kindern machen wollten, fiel wortwörtlich »ins Wasser«. Zumindest in Schleswig-Holstein war der August 1966 nicht nur total verregnet, es war zudem recht kalt. Die Wassertemperaturen der Ostsee waren alles andere als einladend. Nach acht verregneten Tagen fuhren sie nach Berlin zurück.

Dafür reiste die Familie am 1. Oktober für zwei Wochen in die Lüneburger Heide. Diesmal nahmen sie nicht die zeit- und nervenraubende Strecke über Nauen, Kyritz und Ludwigslust bis zum Grenzübergang Lauenburg. Die Fahrerei über diese Chausseen war ihnen noch vom Sommer her in schlechter Erinnerung geblieben. Zu Beginn der Fahrt hatten sie damals alle noch gute Laune. Als sie hinter Nauen an dem Dorf Ribbeck vorbeigekommen waren, hatte Hans den Kindern die Ballade vom alten Ribbeck und seinem Birnbaum vorgetragen: »Zu Ribbeck auf Ribbeck im Havelland, ein Birnbaum in seinem Gartem stand ...« Doch schon eine halbe Stunde später verging ihnen die Freude. Sie hatten gerade einen unbeschrankten Bahnübergang passiert, als ein Volkspolizist aus dem Gebüsch gesprungen kam. Der stoppte sie mit einem schwarz-weißen Stab und verlangte zehn Mark Ordnungsstrafe, weil sie vor dem Übergang einen Moped-Fahrer überholt hatten. Das war verboten.

»Dieses fiese Arschloch!« schimpfte Joachim hinterher. »Der Moped-Fahrer war mindestens noch zweihundert Meter von dem Übergang entfernt.«

»Wahrscheinlich läßt der den immer losfahren, wenn hinten ein Westauto auftaucht«, vermutete Irma. »Das bringt

Westgeld in die Kassen. Ich hab doch gesehen, wie viele Zehner der schon in seiner Ledertasche hatte.«

Damit war es aber noch nicht genug. Kaum waren sie an dem Ortsschild Ludwigslust vorbeigefahren, als sie erneut von der Polizei gestoppt wurden. Angeblich hatten sie ihre Geschwindigkeit vor der Ortseinfahrt nicht vorschriftsmäßig vermindert. Wieder griff Irma in ihre Handtasche und angelte einen Zehnmarkschein heraus, während Hans eine ausführliche Belehrung über sich ergehen lassen mußte. Doch egal ob ost- oder westdeutsche Polizei, er wußte, daß ein Protest die Lage nur noch verschlimmern konnte.

Dankbar war er allerdings den Grenzern, als er bei der Kontrolle in Lauenburg die Motorhaube öffnen mußte. Da entdeckte er, daß der Motor völlig mit Öl eingesudelt war. In der Berliner Werkstatt hatten die Handwerker vergessen, die Schraube der Ölleitung anzuziehen. Jetzt war es eine Arbeit von Sekunden. Damals, auf der Fahrt zur Ostsee, behielt Irma recht, als sie feststellte, daß dieser Urlaub unter keinem guten Stern stand.

Als wollte er der Heidelandschaft noch einen besonderen Anstrich geben, sang Roy Black aus dem Autoradio: »Ganz in weiß mit einem Blumenstrauß ...«

Doch das auf dem ersten Blick so erscheinende Bild einer unberührten Landschaft war so irreal wie das einer heilen Welt im weißen Kleid. Gerade in der Umgebung von Soltau gab es als krassen Gegensatz zum NATURSCHUTZGEBIET LÜNEBURGER HEIDE überall militärische Sperrgebiete. Bei Fallingbostel, bei Münster, bei Timmerloch und auch vor Schneverdingen, dem Ziel ihrer Reise, wurde die Heide, wie schon zu Zeiten »Großdeutschlands«, immer noch von Panzerketten und den Einschlägen der Übungsgranaten aufgewühlt und zerstört.

Als sie sich dem Städtchen Schneverdingen näherten und hinter dem Ort Hebe immer am Rand eines Übungsgeländes entlangfuhren, sagte Irma: »Wenn man diesen künstlich aufrecht erhaltenen Militärwahnsinn sieht, ist es doch kein Wunder, daß so viele junge Leute die Schnauze voll haben und einfach aussteigen aus dieser Gesellschaft.«

Sie waren nicht angemeldet, fanden jedoch auf Anhieb in der Pension WEHLEN zwei freie Zimmer. Hans sah sich allerdings schon beim Empfang verwundert um. Als er die Anmeldungsformalitäten am Tresen erledigte, an dem der etwa fünfzigjährige Wirt auch Flaschenbier und andere Getränke verkaufte, entdeckte er verschiedene Embleme der Nationalsozialisten, die hier ganz offen herumstanden und -hingen. Auf einem mit rotem Samt bezogenen Brett lagen Eiserne Kreuze mit dem Hakenkreuz in der Mitte und viele andere Kriegsorden. An der Wand hingen Wimpel der ehehmaligen Hitlerjugend, und sogar eine schwarze Fahne mit den SS-Runen war vertreten. Ein Plakat verkündete: FEIND HÖRT MIT! Auf einem anderen war zu lesen: *Bodenständiges Bauerntum! Ihm sei heute Preis, Ehre und Ruhm!*

Als er seiner Frau im Zimmer davon erzählte, meinte sie nur: »Wahrscheinlich auch so ein Sammler wie du.«

Am nächsten Morgen, als sie etwas verspätet im Frühstücksraum saßen, wurde die Geschichte noch verdächtiger. Da kamen mehrmals Männer in grünen Lodenmänteln ins Haus, die beim Grüßen an der Theke zackig die Hacken zusammenknallten, bevor sie ihr Bier tranken.

»Hier verkehren scheinbar nur Militaristen oder alte Neonazis«, sagte Joachim halblaut. Seine Mutter legte rasch den Finger vor den Mund. »Was geht das uns an? Wir ziehen gleich in die Heide.«

Am Abend waren sie müde vom Wandern durch die

Wilseder Heide und wollten eigentlich zeitig in die Betten. Doch als sie mit dem Abendessen fertig waren, wurde Hans vom Wirt angesprochen: »Ich weiß, Sie waren den ganzen Tag unterwegs, Herr Kramer. Wenn Sie trotzdem noch ein Viertelstündchen für uns hätten?«

Hans sah Irma an, hob die Schultern. »Wenn es sein muß, Herr Wehlen. Wollen wir …«

»Ihre Frau soll natürlich dabei sein«, sagte Wehlen rasch. »Schließlich geht es um nichts Geheimnisvolles.«

Als Joachim und Renate verschwunden waren, fragte der Wirt: »Trinken Sie noch was?« Ohne die Antwort abzuwarten, stellte seine Frau Schnapsgläser auf den Tisch, die sie aus einer Doppelkornflasche füllte. »Auf Ihr Wohl und auf schöne Ferientage! Also, kurz gesagt, wir würden Sie gerne für morgen abend in den HEIDE-TREFF einladen.«

»Heidentreff? Und wie kommen wir zu der Ehre, wo wir doch gerade erst angekommen sind?«

»HEIDE-TREFF. Das ist hier ganz in der Nähe. Es kommt da nämlich ein sehr interessanter Engländer. Der hat im Krieg unter Winston Churchill gearbeitet. Füll doch nach, Waltraut. Spricht ganz ausgezeichnet deutsch der Mann.«

»Und worüber spricht er?«

Wehlen atmete tief durch. »Das wird Sie beide sicher interessieren, besonders als Berliner, wo Sie da doch den Druck des Bolschewismus besonders stark zu spüren bekommen. Dieser Mann kann anhand von Tondokumenten beweisen, und das ganz einwandfrei, daß der Krieg 1939 nicht von Deutschland geplant und angefangen wurde, sondern daß die Polen zuerst mit Waffengewalt in unser Land eingefallen sind, angeheizt von den Bolschewisten und dem Judentum. Das mit dem Sender Gleiwitz …«

»Dann ist das also eine Parteiversammlung morgen?«

Wehlen trank sein Glas aus, bevor er antwortete: »Wenn Sie so fragen, natürlich vertreten wir eine politische Linie, eine saubere deutsche Linie. Es ist doch so, daß unendlich viele Lügen verbreitet werden über unsere Vergangenheit. Und diese Nestbeschmutzer …«

Jetzt reichte es Hans. Er stand auf, schüttelte ruhig den Kopf. »Damit wir uns gleich richtig verstehen, Herr Wehlen, meine Frau und ich, wir sind in keiner Partei. Aber wir glauben, nach allem was in der deutschen Vergangenheit passiert ist, ein ehrliches und gradliniges Bewußtsein zu haben, das unser politisches Denken bestimmt. Im Übrigen bin ich Gewerkschaftsfunktionär und habe gerade vor vier Wochen einen Band mit Gedichten veröffentlicht, die sich mit dem Kriegswahn Hitlers und mit dem Leiden der Menschen in den Konzentrationslagern befassen …«

»Leiden, sagen Sie?« Frau Wehlen wurde beinahe hysterisch. »Hier bei uns war ja auch so ein Lager, Bergen-Belsen. Die Leute da, die brauchten im Krieg nicht diese Entbehrungen auf sich nehmen wie wir! Wenn wir im Sommer schwer gearbeitet haben, weil unsere Männer dem Vaterland an der Front dienten, lagen die faul in der Sonne. Und wenn wir im Winter frieren mußten, rauchten in dem Lager die Schornsteine. Erzählen Sie uns bloß nicht auch noch diese Greuelmärchen.«

»Wir frieren auch, wenn wir Sie so reden hören«, sagte Hans äußerlich ruhig, innerlich jedoch auf das Heftigste erregt. »Und Greuelmärchen, die hören Sie ja morgen von Ihrem Engländer.«

Irma Kramer mußte 1966 noch einmal verreisen. Mitte November fuhr sie zur Beerdigung ihrer Tante Gundula nach Drebkau, einem kleinen verträumten Städtchen in der Nähe von Cottbus. Sie versuchten erst gar nicht, beim MINISTERIUM DES INNERN, Büro für Paß- und Ausländerangelegenheiten der DDR, eine Einreisegenehmigung für zwei Personen zu erhalten. Irma allein hatte schon Schwierigkeiten genug. Ihr war genau vorgeschrieben worden, mit welchem Zug und welche Strecke sie fahren durfte und wo sie umsteigen mußte. Das alles verlief dann aber nicht ohne mehrere Kontrollen. Obwohl Ost-Berlin schon 1949 eigenmächtig zur Hauptstadt der DDR erklärt worden war, wurde versucht, den Viermächtestatus der Stadt nach außen hin weiter zu dokumentieren, indem man an den Stadtgrenzen Kontrollstellen unterhielt, die jedoch selten einmal besetzt waren. In den Zügen hingegen, die von Ost-Berlin aus in die Sowjetische Besatzungszone fuhren, wurden häufiger Kontrollen durchgeführt.

Später erzählte Irma noch oft, wie erschrocken sie war, als die Volkspolizei in ihrem Zugabteil erschien: »Ich mußte doch annehmen, daß mit den Kontrollen im Bahnhof Friedrichstraße alles erledigt war. Mit der S-Bahn fuhr ich weiter nach Oberschöneweide, wo ich in den Fernzug umsteigen konnte. Im Abteil waren nur DDR-Bürger. Also saß ich an der Tür und der Zug näherte sich Königs Wusterhausen. Ich dachte an die bevorstehende Beerdigung, als der Vopo plötzlich in der Tür stand, um meine Ausweispapiere zu verlangen. Der blätterte alles durch, sah mich an, dann wieder die Papiere und rief plötzlich nach hinten in den Gang hinein: 'Jetzt haben wir sie!' Ihr könnt euch nicht vorstellen, was ich trotz meines reinen Gewissens für einen Schreck bekommen habe. 'Jetzt haben wir sie!' Als ob die endlich eine schon lange gesuchte Verbrecherin gefaßt hatten. Gleich tauchte ein zweiter Vopo auf und hinter dem noch zwei Russen. Wie mein Herz hämmerte, könnt ihr euch ja wohl denken. Dabei hatte das alles nicht mehr zu bedeuten, als daß die Polizei genau über meine Reise unterrichtet gewesen war, daß ich auf ihrer Liste stand und abgehakt werden mußte. Aber dieser eisige Schreck: 'Jetzt haben wir sie!'«

Zwischen Panzer und Holzkreuz

Als der lange, schweigende Trauerzug im Juni 1967 die Potsdamer Chaussee herauf kam, stand Hans Kramer beinahe an derselben Stelle vor dem Zehlendorfer Waldfriedhof, an der er vierzehn Jahre vorher die Fahrzeugkolonne mit dem Sarg des Regierenden Bürgermeisters Ernst Reuter vorbeifahren sah. Damals, im September, nahm das Laub der alten Bäume an dieser von Friedrich Wilhelm II. angelegten preußischen Chaussee schon die Farben des Herbstes an. Drüben auf dem Stück Feld, auf dem später ein Studentendorf gebaut wurde, stand noch einer der Hubert-Höfe aus der Zeit Friedrichs des Großen.

Heute, als die Studenten der West-Berliner Universität den Leichnam ihres von einem Polizisten erschossenen Kommilitonen Benno Ohnesorg bis zum Zehlendorfer Autobahn-Kleeblatt begleiteten, wo der Tote von seinen Angehörigen übernommen und nach West-Deutschland gebracht werden sollte, heute überschatteten dieselben Bäume den Trauerzug mit ihrem dunklen, saft- und kraftvollen Grün. Diesmal gab es weniger Schaulustige, dafür umso mehr Polizeifahrzeuge hinter dem Zug und in den Nebenstraßen. Wieder einmal fragte sich Hans, wo die wohl alle herkamen.

Vor vierzehn Jahren stand der Sowjetpanzer kurz vor der Autobahn noch auf einem Betonsockel, mehrmals mit Farbe beschmiert, mit Benzin übergossen und auch in Brand gesteckt. Nunmehr befand er sich ein Stück hinter der Königswegbrücke auf DDR-Gebiet. Erzählt wurde, daß es der erste sowjetische Panzer gewesen sei, der 1945 in das Berliner Stadtgebiet eindrang. Hans kannte die Geschichte um die letzten Kriegstage anders, aber war das so wichtig? Er verstand zwar den Sinn dieses Ehrenmals, das sicher nicht nur das Zeichen eines errungenen Sieges sein sollte, sondern auch Erinnerungen an die im Kampf um Berlin gefallenen Sowjetsoldaten. Dennoch mochte er diesen stählernen Koloß mit dem langen Geschützrohr nicht, wurde er bei dem Anblick doch jedesmal an die Tage erinnert, da Panzer desselben Typs vor seinen angstgeweiteten Augen mit langsamen Drehungen einen deutschen Soldaten nach dem anderen in ihren Schützengräben zu Tode gequetscht hatten.

Ihm war das schlichte Holzkreuz, das jetzt an derselben Stelle stand, sympatischer. Das Kreuz, ähnlich wie in Lidice, mit rostendem Stacheldraht umwunden, erinnerte ja nicht nur, wie der Panzer, an den Krieg, sondern auch an die Opfer des Kalten Krieges zwischen West und Ost.

Zwischen dem Panzer von 1945 und dem Holzkreuz von 1967 lag nun das kurze Leben einen jungen Mannes, der nicht mehr getan hatte, als ein Recht wahrzunehmen, das Recht, gegen die Anwesenheit eines vorderasiatischen Despoten zu protestieren, dessen Pfauenthron im unermeßlichen Reichtum über der weitverbreiteten Armut eines Volkes stand. Und dieser Herrscher aus dem Iran war nun, begleitet von einer eigenen Leibwache, nach West-Berlin gekommen, um unter anderem einen Blick über die Mauer in den anderen Teil der Stadt zu werfen und den Berlinern sein Mitgefühl zu bekunden.

Am Ausgabeschalter des Magazins hatte Erwin Pitzig das seinen Kollegen so erklärt: »So ist det nun, Leute, mit die oft jelobte Jerechtigkeit bei uns. Ick bin wahrhaftig nich für den Osten, det wißt ihr ja. Aber Tag für Tag wird uff die Zustände drüben jemeckert, det die det nich machen dürfen und det nich, det die nur marschieren und demonstrieren dürfen, wenn det sie befohlen wird. Und was ist nun bei uns? Wenn die Jungs und Mädels, die man ja immer wieder sagt, det sie nich noch eenmal die Fehler machen dürfen, die wir Ollen jemacht haben, wenn die jejen so eenen Fatzke von Volksausbeuter protestieren, denn rücken die Bullen uff höheren Befehl jleich in Massen an mit Knüppel, Wasserwerfer und nun ooch mit Pistolen. Immer unter det Motto: Wir schützen nur die demokratische Jrundordnung oder so.«

»Da haste mal ausnahmsweise Recht, Erwin«, hatte ihm der Rohrleger Ronny zugestimmt. »Und jetzt gibts ooch noch diese FREIWILLIGE POLIZEIRESERVE, wo unser Wolf Grabbel dabei ist.«

»Sowat ähnlichet wie die Betriebskampfgruppen drüben«, nickte Erwin Pitzig zustimmend. »Det da nun ooch eener von unsern Betriebsrat mitmacht ...«

Kramer dachte zwar nicht daran, die Leute von der Polizeireserve mit den Betriebskampfgruppen in der DDR unter einen Hut zu stecken, aber seitdem er diese Truppe am 1. Mai vor dem Reichstag auf dem Platz der Republik in Reih und Glied stehen gesehen hatte, wollte er auch als Gewerkschafter nicht mehr zu den Kundgebungen gehen.Eines Tages nämlich war Wolf Grabbel in das Betriebsratsbüro gekommen, einen Waffenkatalog in den Händen. »Hallo, Männer!« begrüßte er Richard Behrend und Hans Kramer. »Hatte ja versprochen, euch mal zu zeigen, an welchen Waffen wir ausgebildet werden.«

»Komm uns bloß nicht mit deinen Kugelspritzen, Wolf!« wehrte Richard sofort ab. »Du, das interessiert uns nicht die Bohne.«

»Dachte ja ooch nur«, murrte Wolf. »Ist ja alles im Interesse der Allgemeinheit.«

»Erzählt man euch.« Hans drehte sich auf seinem Stuhl voll

zu Grabbel um. »Sag mal, Wolf, du bist ja nun Betriebsratsmitglied und auch gewerkschaftlicher Vertrauensmann. Wie würdest du dich denn als Reservepolizist verhalten, wenn es hier im Betrieb mal zu einem Streik kommt, und draußen vor dem Tor gibt es Prügeleien mit Streikbrechern? Was machst du in so einem Fall? Als Vertrauensmann mitstreiken oder auf Befehl als Polizist mitknüppeln?«

Wolf stutzte. »Ist doch Quatsch und 'ne doofe Frage. Soweit wirds ja wohl nie kommen.« Unsicher geworden, wandte er sich an Richard: »Oder was meinst du?«

Richard und Hans zuckten mit den Schultern. »Das mußt du selbst wissen, Wolf.«

Heute morgen, als der Betriebsratsvorsitzende und er bei Fräulein Jakob im Personalbüro waren, um einiges zu besprechen, sagte die Personalchefin: »Das mit dem Ohnesorg mag zwar sehr traurig sein, besonders für die armen Eltern, aber den Radikalen unter den Studenten ist endlich mal gezeigt worden, wie böse das ausgehen kann, wenn sie immer mehr wollen, als sie bekommen können. Wo wären wir denn, wenn wir uns alle so undiszipliniert aufführen würden?« Und nachdem sie sich eine Zigarette angesteckt hatte: »Jetzt wird ja wohl Schluß sein mit der Herumdemonstriererei.«

Im Gegenteil, meine Dame, dachte Hans, sagte aber nichts. Es wäre sinnlos gewesen. Er glaubte vielmehr, daß es nun erst richtig losgehen würde mit den Protesten der Studenten und Schüler, mit denen, die sich AUSSERPARLAMENTARISCHE OPPOSITION nannten, gegen den Krieg in Vietnam, gegen die Militärdiktatur in Griechenland, gegen die Notstandsgesetzgebung, gegen die Berufsverbote und für eine Demokratisierung der Schulen und Universitäten. Die Arbeiter und Angestellten in den Betrieben? Noch wurden sie fest im Griff gehalten von ihren Gewerkschaften.

Unter den letzten hundert Leuten des Trauerzuges entdeckte Kramer das Studentenpaar Neidhard und Johanna-Wolfhilde, die er nach Prag nicht mehr gesehen hatte. Während Neidi nur kurz nickend zu ihm herüber sah, winkte Johanna-Wolfhilde mit beiden Händen, so als wollte sie ihn zu einem Spaziergang durch die Nikolasseer Rehwiesen einladen. Hans wollte sich aber weder dem Trauerzug anschließen, noch wollte er spazierengehen. Er hatte jetzt Durst. Darum machte er sich auf den Weg zu seinem Auto, das oben auf dem Parkplatz vor dem Friedhof stand. Er fuhr das kurze Stück über den Königsweg bis hoch zur »Reiterhütte« in Düppel. An und für sich trank er allein selten etwas in einer Kneipe. Er zählte überhaupt nicht zu den Kneipengängern. Heute jedoch war nicht nur seine Kehle trocken von der Wärme des Nachmittags, er verspürte auch einen bitteren Geschmack im Mund, wie immer, wenn er etwas Bedrückendes erlebt hatte.

Er setzte sich gleich neben dem Eingang an einen Tisch und bestellte ein Bier. Hier ging wenigstens ein leichter, kühler Lufthauch.Er trank das Bier unter der langsam zusammensinkenden Schaumkrone weg. Auf den Hockern an der Theke saßen ein paar Männer unterschiedlichsten Alters. Sie redeten so viel durcheinander wie sie Biergläser leerten.

Geredet wurde aber nicht etwa von Benno Ohnesorg oder dem Trauerzug. Sie sprachen vielmehr über die Arbeit, die Pferde und das Reiten, über das letzte Fußballspiel von Hertha Zehlendorf, den nächsten Urlaub und über ihre Familien. Die Leute hatten ja alle ihre eigenen Probleme. Wozu sollten sie sich da mit den politischen Ereignissen belasten? Wenn Bier, Zigaretten oder Benzin teurer wurden, konnten sie immer noch genug über »die da oben« meckern. Auch das Thema DDR stand an der Theke nur noch ganz selten zur Debatte. Die *Ostzone*, das war längst eine andere, ferne Welt.

Und für Leute, die drüben keine Verwandten hatten, war die DDR heute genauso weit weg wie China.

Kramer sah zu dem Stammtisch hinüber, auf dem immer noch der große Aschenbecher stand mit dem Aufdruck einer Schnapsfirma. Wie oft hatte sein Vater in den fünfziger Jahren, als der frühere Jockei Willi Schirzke hier noch Wirt war, an dem Tisch gesessen, um mit seinen Arbeitskollegen und Bekannten Skat zu spielen. Das ging manchmal bis spät in die Nacht.

Er trank sein Bier aus, ging zum Auto, fuhr dann langsam über den holperigen Weg vorbei an den Baracken eines Freigängergefängnisses und über das letzte, verrostete Gleis der Stammbahn. Auf dem Gelände der verschwundenen Laubenkolonie bauten sie Häuser. Nahe der Grenze zur DDR entstand eine Straßenbrücke über den Buschgraben. Es schien ihm eine Ewigkeit her zu sein, seit der Zeit, als es an der Stelle die schöne alte Holzbrücke gab.

Warum eigentlich nicht?

»Die Regierung der DDR läßt sich in ihrem Tun und Handeln immer von den Gedanken der Sorge um den Menschen leiten und daß der soziale Fortschritt in der DDR zügig vorangeht...«

Diese Worte las Hans Kramer unter einem großen Foto, auf dem der Vorsitzende des Staatsrates der DDR Walter Ulbricht zu sehen war, begleitet von seiner Frau Lotte und den Mitgliedern des Politbüros Erich Honecker, Paul Verner und Dr. Günter Mittag, die anläßlich der 10. Ostseewoche in Rostock weilten.

Hans legte die Zeitung zur Seite, die er aus der Empfangshalle des Hotels LUNIK mit auf sein Zimmer genommen hatte. Auch hier schrieben die Zeitungen viel, wenn der Tag lang war. Morgen bei der Besichtigung des EISENHÜTTENKOMBINATS-OST würde er zum ersten Mal einen großen Betrieb der DDR und die Menschen, die da arbeiteten, mit eigenen Augen zu sehen bekommen.

Jetzt war er müde von der Busfahrt nach Eisenhüttenstadt, obwohl sie von Berlin aus nur knapp drei Stunden unterwegs gewesen waren. Vor der Fahrt lag immerhin ein langer, ausgefüllter Arbeitstag. Unten im Speisesaal hatte er mit den anderen Teilnehmern der »Studienfahrt West-Berliner Gewerkschafter« zu Abend gegessen, um gleich danach sein Zimmer aufzusuchen.

Das Fenster des modern und einfach eingerichteten, mit Dusche und WC ausgestatteten Zimmers ging zur Straße hinaus. Es regnete schon den ganzen Nachmittag an diesem Novembertag 1967. So hingen die Fahnen, die an den 50. Jahrestag der Oktoberrevolution erinnern sollten, schlapp wie bunte Waschlappen über der naßglänzenden Straße. Eben wollte Hans sein Bett aufdecken, als kurz an die Tür geklopft wurde. Ewald Matuschek, der Organisator der Fahrt, kam herein. »Na, Hans, zufrieden mit dem Zimmer?« Der etwas korpulente Mann beantwortete seine Frage gleich selbst: »Alles erster Klasse hier, was? Radio im Zimmer, Bier und Saft im Kühlschrank, sogar Telefon ...«

»Damit kann man aber nur die Rezeption unten anrufen, oder? Meine Frau in West-Berlin doch wohl kaum?«

Matuschek setzte sich auf den zweiten Stuhl. »Mit Voranmeldung und wenn du etwas wartest, kannst du hier alles. Das LUNIK ist ein internationales Hotel, Junge. Sind meistens nur ausländische Gäste hier, auch Geschäftsleute aus dem Westen. Und trotzdem, hast du die Preise gelesen? 13 Mark für so ein Zimmer, wo gibt es das sonst, he?«

Hans kannte Matuschek schon seit seiner Lehrzeit Anfang der vierziger Jahre. Beide lernten sie damals in verschiedenen Zehlendorfer Werkstätten Autoschlosser. Und drei Jahre lang waren sie in jeder Woche einmal mit der S-Bahn quer durch Berlin zur Berufsschule gefahren, die in Lichtenberg lag. In den Wirren des Krieges und der Nachkriegszeit hatten sie sich aus den Augen verloren und vor einigen Wochen zufällig wiedergetroffen. Hans kam nach Feierabend aus der Fabrik, als Ewald ihm draußen vor der Pförtnerei ein Flugblatt der SOZIALISTISCHEN EINHEITSPARTEI WESTBERLIN in die Hände drückte.

Gerade wollte er sagen: Ach, lest doch euer Geschreibe selbst, als er den ehemaligen Kumpel erkannte. Da interessierte es ihn nicht mehr, was in dem Flugblatt stand und für welche Partei Ewald das verteilte. Ihn störte auch nicht der empörte Ruf einer Arbeitskollegin: »Wat denn, wat denn? Mit die kommunistischen Hetzer stellt sich unser Betriebsrat hin und quatscht?« Da hieß es dann nur noch: »Mensch, Ewald, wie lange haben wir uns nicht geseh'n!«

Eine Woche später hatte Ewald ihn zu Hause besucht. Bei der Gelegenheit rückte er mit der Einladung des FREIEN DEUTSCHEN GEWERKSCHAFTSBUNDES DER DDR für diese Fahrt nach Eisenhüttenstadt heraus. »Als Gewerkschafter und Betriebsratsmitglied einer so großen Firma müßtest du doch daran interessiert sein, einmal einen Großbetrieb in der DDR kennenzulernen. Wenn deine Frau Lust hat, kann sie mitfahren, auch einige von deinen Kollegen aus dem Betrieb.«

»Nee, mich laßt aus dem Spiel«, hatte Irma abgewehrt. »Sonnabend ist immer Hochbetrieb bei uns auf dem Markt. Mein Chef würde mir ganz schön was erzählen, von wegen Studienfahrt nach drüben und so.«

Hans bat sich Bedenkzeit aus und sprach im Betrieb mit einigen Leuten darüber, von denen er wußte, daß sie mitmachen würden. Ronny war sofort Feuer und Flamme, aber eigentlich nur, weil er die Gegend wiedersehen wollte, in der er seine Kindheit verbracht hatte. »Sprich aber nicht den Pitzig an, Hans. Die dumme Pfeife redet zuviel und versaut uns am Ende alles.«

Auch Udo der Maler wollte mit. Katrin und Beate aus dem Textillabor zeigten ebenfalls Interesse. Alle fünf waren sie schließlich der Meinung: Warum soll es nur Leuten der Betriebsleitung gestattet sein, Betriebe in der DDR zu besuchen? Warum sollten sie alles hinnehmen und glauben, was ihnen von anderer Seite über das Leben im »sozialistischen Teil Deutschlands« erzählt wurde? Selbst einmal die Nase da hineinstecken, hören und sehen! Damit machten sie sich noch lange nicht zu Anhängern und Befürwortern des DDR-Regimes oder zu Mitläufern der Sozialistischen Einheitspartei.

Bei den später noch folgenden sogenannten Studienfahrten

war der Teilnehmerkreis aus den CHEMIE-FASER-WERKEN wesentlich größer. Größer wurden allerdings auch die Ablehnungen von Seiten einiger Betriebsratskollegen und auch die Schwierigkeiten, die sie deshalb mit der Betriebs- und Konzernleitung bekamen. Da galt es dann immer, neu zu argumentieren. Davon abgesehen, tauchten dann und wann Männer mit staatlichen Ausweisen in der Personalabteilung auf, die versuchten, Erkundigungen über die in die DDR fahrenden Personen einzuholen; wobei jene Herren allerdings meist die Antwort erhielten, daß sie in einem Personal- und nicht in einem Auskunftsbüro wären.

Niemals hatten Ewald Matuschek oder einer seiner Parteigenossen versucht, Kramer oder andere unter Druck zu setzen, um sie für die Interessen ihrer Partei einzuspannen. Versuche der Bespitzelung und Aushorchung erfolgten von ganz anderen, viel besser geschulten und meistens sehr harmlos wirkenden Leuten.

An dem Abend im Hotel LUNIK in Eisenhüttenstadt sprachen Kramer und Matuschek nur von damals, als sie beide Lehrlinge waren, als die erbarmungslose Zeit des Krieges keinerlei Rücksicht nahm auf ihre Jugend. Als sie sich endlich trennten, war der kleine Kühlschrank um einige Flaschen ärmer.

Von Brigadieren und Brigaden

Vor den Toren des ausgedehnten Hüttenwerkes standen bewaffnete Volkspolizisten. »Um die Saboteure und die Handlanger zum Unfrieden der westdeutschen und amerikanischen Monopolkreise abzuschrecken«, bekamen die Mitglieder der Reisegruppe später auf ihre Fragen zu hören, »die nicht gerade freundlich auf den jungen sozialistischen Staat zwischen Elbe und Oder blicken, der sich immer unabhängiger macht von den Rohstoffquellen an der Ruhr, die das Großkapital gerne nach Gutdünken fließen lassen oder verstopfen würde.«

Ein paar Leute der Betriebsgruppenleitung führten sie kurz in die Geschichte des Kombinats ein: Am 18. August 1950 fiel die erste Kiefer in der Heidelandschaft, um Platz zu schaffen für das größte Bauobjekt der Deutschen Demokratischen Republik. Im September 1951 floß das erste Roheisen, und 1954 waren die sechs Hochöfen in Betrieb. Zur Zeit werden über 6.000 Tonnen Roheisen monatlich produziert. Beschäftigt werden 6.500 Leute, ein Viertel davon Frauen, die den gleichen Lohn bei gleicher Arbeit erhalten. 550 junge Ingenieure sind im Werk tätig und über 1.000 Jugendliche in der Ausbildung. Die vom Werk mitfinanzierten Kindergärten sind über dem gesamten, zur gleichen Zeit neuentstandenen Stadtgebiet verteilt. Unser Kraftwerk versorgt auch die Stadt mit Strom und …

So ging es weiter. Von Brigadieren wurde berichtet, die Brigaden leiten, von einer gemeinsamen Planung bis zur Übersollerfüllung mit dem Ziel, den Titel BESTE BRIGADE zu erlangen. Dafür gab es Sonderprämien und Sonderurlaub.

Das hätte natürlich nicht das Geringste mit der Antreiberei und mit der Ausbeutung des Menschen zu tun, wie das in den Betrieben der kapitalistischen Länder üblich wäre.

Wie seinerzeit in der Tschechoslowakei bekamen sie auch hier herzlich wenig von der eigentlichen Produktion zu sehen. Insgesamt machte der Betrieb auch nach siebzehn Jahren noch den Eindruck einer einzigen großen Baustelle.

Im Vordergrund stand der Rundgang durch die sozialen Einrichtungen. In der werkseigenen Poliklinik arbeiteten mehrere Ärzte und Krankenschwestern. Es gab sogar eine zahnärztliche Station. Die Frage tauchte auf, ob denn jeder Arbeiter gezwungen wäre, einen Arzt des Betriebes aufzusuchen, wenn er sich nicht wohl fühlte. Der Arzt, der sie herumführte, sagte: »Aber nein, es gibt in der Stadt auch einen oder sogar zwei Ärzte. Dann haben wir ja auch das große Krankenhaus am Hang über der Stadt. Bei uns werden unter anderem ständig Reihenuntersuchungen durchgeführt. Aus den gesundheitsgefährdeten Abteilungen, die es nun mal in jedem Hüttenwerk gibt, werden die Leute spätestens nach vier Jahren versetzt. Schon vorher werden sie für die neue Arbeit, wie zum Beispiel für das jetzt im Bau befindliche Kaltwalzwerk, umgeschult.«

Im Gewerkschaftshaus sahen sie die in Schaukästen ausgehängten Fotos der besten Arbeiter, Meister und Ingenieure. Eine junge Frau, die aus einem Steglitzer Elektrobetrieb kam, meinte verwundert: »Über die Gewerkschaftsarbeit scheint man hier ganz andere Ansichten zu haben als bei uns. Ich würde mich niemals vor meinen Kolleginnen so mit Foto und Untertext zur Schau stellen lassen.«

»Wir sind stolz auf besondere Leistungen«, wurde sie belehrt, »weil die der Allgemeinheit dienen. In einem volkseigenen Betrieb gehört es zur Aufgabe einer Gewerkschaft, die Leistungen der Brigaden, die miteinander im ständigen Wettbewerb stehen, und auch Einzelleistungen, zum Beispiel in unserem Neuerersystem, zu würdigen, zu unterstützen und damit auch bekannt zu machen.«

»Sind hier alle gewerkschaftlich organisiert?« wurde gefragt.

»Nein«, kam die Antwort. »Es gibt im Werk etwa sechzig Unorganisierte. Bei uns wird niemand zur Mitgliedschaft im FDGB gezwungen, wie das mal in Deutschlands unseliger Vergangenheit der Fall war.«

Da hieß das ja auch ganz anders, dachte Hans. Die Lehrwerkstätten glichen denen der anderen Betriebe, vielleicht mit dem Unterschied, daß auch viele Mädchen an den Schraubstöcken standen, um den Umgang mit einer Feile zu erlernen.

Während die anderen durch die Halle geführt wurden, scheute sich Ronny nicht, ein paar der Lehrlinge anzusprechen, um sie nach der Ausbildungszeit, nach dem Urlaub, der Bezahlung oder nach der Unterbringung zu fragen. Da hörte er,wie einer der Lehrlinge zu dem Ausbilder sagte: »Bei uns wird gleich gemeutert, wenn mal einer zu lange Haare hat. Von den Männern da haben einige die Haare bis über die Schultern, einer sogar bis an den Arsch.«

»Das ist bei Westlern ein Ausdruck des Protestes«, erklärte der Ausbilder. »Mit ihrer oft ausgefallenen Kleidung und den überlangen Haaren drücken sie aus, daß sie mit den Machenschaften der Monopolkapitalisten und mit dem von den Amerikanern brutal und unmenschlich geführten Krieg in Vietnam nicht einverstanden sind.«

Ronny schüttelte den Kopf, als er das hörte. Er kannte in seinem Handwerkerbereich junge Männer, die sehr lange Haare hatten, sich aber einen Dreck um den Krieg in Vietnam oder überhaupt um Politik kümmerten. Dafür rauchten einige davon auf den Toiletten Haschisch, daß man meinen könnte, man sei in einer asiatischen Opiumhöhle. Aber was sollte der Mann auch sonst auf die Feststellung des Auszubildenden antworten?

Während einer dreistündigen Diskussion am Sonnabendnachmittag hielten die Westberliner, die zum ersten Mal an einer DDR-Fahrt teilnahmen, nicht mit ihrer Meinung zurück, obwohl Ewald Matuschek mehrmals versuchte, die Wogen zu glätten.

Udo ließ sich nicht davon abbringen, Themen wie *Grenzsperren* und *Berliner Mauer* anzusprechen: »Wir haben heute oft gehört, wie fortschrittlich alles ist bei euch und daß alles zum Wohl der Menschen jemacht wird. Wenn's so ist, besteht doch überhaupt keene Jefahr, daß die Leute hier ihre juten Arbeitsplätze einfach hinschmeißen, um sich in den Westen abzusetzen, wo ihre Zukunft uff alle Fälle janz unjewiß wäre, oder?«

»Natürlich sind wir stark daran interessiert, daß die Arbeiter, die bei uns eine gute und teure Ausbildung erhalten haben, auch bleiben«, wurde Udo belehrt. Doch das sei ja nicht der wichtigste Grund für die Maßnahmen an den Grenzen der DDR gewesen. Schwerwiegender seien nun mal die vielen Sabotageakte, die vor 1961 stark zugenommen hätten. Wie skrupellos westliche Agenten vorgegangen seien, dafür gebe es auch in Eisenhüttenstadt genügend Beispiele.Auch Themen wie die Anerkennung der DDR, des immer noch ausstehenden Friedensvertrages und der Wiedervereinigung Deutschlands blieben nicht aus. Hans Kramer sagte, eine Anerkennung der DDR von Seiten der Bundesrepublik würde doch die Grenze quer durch Deutschland endgültig machen, so daß dann zwei deutsche Staaten auf Dauer existierten. Er fragte weiter, ob ein Friedensvertrag jetzt, zweiundzwanzig Jahre nach dem Ende des Krieges überhaupt noch sinnvoll und nützlich wäre.

An dem Punkt angelangt, mußten die Berliner feststellen, wie gut einige Leute des Betriebes auf derartige Themen und Fragen vorbereitet waren. Aus der Antwort einer etwa vierzigjährigen Frau erkannten sie sehr bald, wie rasch sie mit ihren oberflächlichen Kenntnissen ins Abseits gedrängt wurden. Es war einfach niemand unter ihnen, der dem nun Folgenden etwas Handfestes entgegensetzen konnte. Anfang September 1958, erklärte die Frau, habe die Regierung der DDR gleichlautende Noten an die Regierungen der UdSSR, der USA, Großbritanniens und Frankreichs geschickt. Darin nahm sie zur Vorbereitung eines Friedensvertrages mit Deutschland Stellung und unterbreitete Vorschläge. In einem ausführlichen Schreiben an Konrad Adenauer habe DDR-Regierungschef Otto Grotewohl die Hoffnung ausgesprochen, daß Bonn den Vorschlägen zustimmen werde, unter anderem auch ein Gremium zu bilden, in dem Vertreter der DDR und der Bundesregierung die gesamtdeutschen Interessen untersuchen und festlegen sollten, denn sowohl die Sowjetunion wie auch die DDR hätten den Gedanken einer Wiedervereinigung Deutschlands nicht aufgegeben.

In Bonn aber hätte man zu der Zeit so getan, als gebe es gar keine DDR, als würde man nur von dort aus, also von Bonn aus, auch über die 17 Millionen DDR-Bürger bestimmen und befinden können. Am 30. September 1958 hätten dann die Regierungsoberhäupter der drei Westmächte die Vorschläge und Empfehlungen der DDR kurz und knapp abgelehnt. Die Frau behauptete, daß die DDR schon in den vorangegangenen Jahren vergeblich versucht habe, mit der Bundesrepublik an einen gemeinsamen Tisch zu kommen und daß Adenauer im November 1958 der Sowjetunion erklärte, daß die Wiederherstellung der Einheit Deutschlands nicht Sache der Deutschen, sondern allein Sache der Siegermächte sei.

Ein junger Mann, der sich als Schurtz vorstellte, setzte hinzu, daß die Sowjetunion im Januar 1959 den Westmächten, der DDR und der Bundesrepublik den Entwurf eines Friedensvertrages übermittelt habe. Im März 1960 habe die elfte gesamtdeutsche Arbeiterkonferenz zum gemeinsamen Kampf für den Abschluß eines Friedensvertrages und zur sofortigen Abrüstung aufgerufen.

Später sagte Ronny zu Hans: »Junge, Junge, die haun uns hier aber die nassen Waschlappen um die Ohren. Kannst du sagen, ob das so in allen Einzelheiten stimmt?«

»Woher denn?« brummte Hans. »Meinst du, ich habe das alles so bis ins letzte Detail verfolgt und dann auch noch behalten? In den Jahren, wo so viel passiert ist. Die setzen einem hier schon die Richtigen vor die Nase.«

Nachdem sie am Abend im Klub- und Kulturhaus ein Gastspiel des Jugendensembles JOSOST aus Moskau mit Musik, Gesang und Tanz hinter sich gebracht hatten, saßen Ronny, Udo und Hans in der Bar des Hotels am Tresen und versuchten, ein wenig abzuschalten nach dem anstrengenden Tag. Plötzlich kam Hans in ein Gespräch mit einem jungen Ehepaar. Der Mann stellte sich als Ingenieur vor. Seine Frau war Ärztin in der Klinik des Kombinats. Ausgangspunkt der Unterhaltung war die von Hans an Ronny gerichtete Frage, warum die Gäste in der Bar wohl den teuren Sekt aus dem Westen bevorzugten, warum sie nicht den Krim-Sekt tranken, der hier billiger zu haben war. »Bei uns im Supermarkt ist der Krim-Sekt nämlich wesentlich teurer als hier.«

»Bei Ihnen drüben ist alles viel teurer«, mischte sich der Ingenieur in die Unterhaltung ein. »Selbst das Porto auf den

Briefen ist doch im Westen viel teurer, ganz abgesehen von vielen anderen Dingen.«

Hans hob die Schultern und lachte. »Aber was nutzt es, wenn ein Auto hier billiger ist und Sie bekommen keins?«

»Unsere Löhne sind ja auch viel höher«, warf Ronny ein. »Wenn ich nur die Einkommen der Handwerker vergleiche ...«

»Sind Sie Handwerker?«

»Ronny ist sogar Vorarbeiter bei den Rohrlegern in unserer Bude«, erklärte Udo vorlaut. »Der ist auch schon lange im Betriebsrat, und jetzt ist er sogar im Aufsichtsrat mit drin.«

»Im Aufsichtsrat? Oh, das ist interessant.«

»Ich kann alleine für mich reden, Udo«, fuhr Ronny den Maler an. »Brauche keinen, der hier meine Arbeit erläutert, verstanden?«

»Ja, entschuldige man.«

Es ging schon stark auf Mitternacht zu, als das Ehepaar die drei Westberliner bat, doch noch für ein Stündchen mit in ihre Wohnung zu kommen, die ganz in der Nähe wäre. Ronny sah Hans fragend an. Beide nickten. Konnte doch aufschlußreich sein, auch mal privat mit Leuten von hier zu reden. Die Zweieinhalbzimmerwohnung war neu eingerichtet. Etwas steril, fand Hans. Die Leute zahlten 58 Mark Miete dafür, eine Mark pro beheizten Quadratmeter. Es gab dann ein bißchen zu viel Alkohol, aber auch ein paar Kleinigkeiten zum Essen.

Mit ziemlicher Schlagseite wankten die drei gegen vier Uhr morgens in das Hotel zurück. Später konnte sich Hans nur daran erinnern, daß der Ingenieur über den letzten Sommerurlaub in Ungarn gesprochen hatte und daß die Reisenden aus der DDR verärgert darüber gewesen waren, weil die Ungarn sie mit den Trabbis an der Grenze ewig warten ließen, während die Westdeutschen mit ihren dicken Brummern nach vorn gewinkt worden waren. Aber sonst?

Dabei hatten sie ununterbrochen geredet – aber auch getrunken.

Als sie am Sonntag eine die Reise abschließende Busrundfahrt durch Eisenhüttenstadt machten, sagte Ewald Matuschek halblaut, so daß die mitfahrenden FDGB-Leute es nicht hören konnten, zu Hans: »Ist ja ganz nett, daß ihr in der Bar die Leute kennengelernt habt und mit in die Wohnung gegangen seid. Trotzdem, ich will dir einen persönlichen Rat geben für den Fall, daß ihr wieder mal eine DDR-Fahrt mitmacht: Seid vorsichtig mit privaten Kontakten.«

»Das sagst ausgerechnet du? Du meinst, es könnten Leute dabei sein, die ...«

»Ich meine gar nichts, aber ihr wollt keine Schwierigkeiten haben, wir nicht und Leute wie dieses Ehepaar auch nicht. Alles klar?«

Hans nickte, obwohl ihm das nicht ganz klar war. Doch wenn er an die letzte Nacht dachte, verstand er die Warnung schon eher. Was hatten sie da eigentlich alles erzählt mit ihren Fuselköpfen? Und dann der geschwätzige Udo ...

Im Rathaus wurden sie von einem Lehrer begrüßt, der es übernommen hatte, ihnen die Stadt zu zeigen. Erst einmal standen sie in der Halle vor einem Modell. Der Lehrer erklärte ihnen die Anlage der Stadt, wobei er besonders hervorhob, daß das Krankenhaus achtzehn Fahrstühle besaß.

»Alles schön und gut«, meinte Ronny nachdenklich. »Achtzehn Fahrstühle sind ja schon was. Was ich hier im Stadtbild vermisse, es gibt nirgends einen richtigen Turm, einen Kirchturm. Ehrlich, ich gehe auch nur zu Weihnachten in die Kirche, hab's aber sehr gern, wenn am Sonntagmorgen die Kirchenglocken zu hören sind.«

Der Lehrer blickte Ronny verwirrt an, sagte dann schnell: »Na ja, ich meine, für eine Kirche besteht hier kaum ein

Bedarf. Und wenn jemand unbedingt seine Seelennahrung braucht, kann er ja einen Spaziergang machen in den alten Stadtteil Fürstenberg zum Beispiel.«

Unterwegs erzählte ihnen der Mann noch allerlei Stadtgeschichten. »Und was hat die Ampel da drüben über dem Autogeschäft zu bedeuten«, fragte irgendjemand. Die Geschichte des Lehrers war nicht ohne Sarkasmus: »Zur Zeit gibt es den verbesserten TRABANT für 8.000 Mark und einen SKODA für 22.000 Mark zu kaufen. Nun ist das aber so, wenn die Ampel vor dem Laden grün anzeigt, kann der Bürger nach kurzer Wartezeit ein Auto bekommen. Steht die Ampel auf gelb, so wie jetzt, muß er mit einer langen Wartezeit rechnen. Zeigt sie rot, werden keine Bestellungen angenommen, weil die Produktion nicht nachkommt.« Er seufzte. »Bis jetzt wurde bei uns grün nur eingeschaltet, um festzustellen, ob es noch funktioniert.«

Er wechselte dann das Thema und hob hervor, daß Eisenhüttenstadt eine sehr junge Stadt sei und es hier die größte Kinderzahl in der DDR gebe. Alte Leute wären kaum anzutreffen.

Die alten Menschen sahen sie später in den Dörfern, als sie über Beeskow und Storkow nach Berlin zurückfuhren.

»Jetzt weiß ick endlich, wo die DEFA für ihre ollen historischen Filme immer die echten Hintergründe herkriegt«, sagte Udo. »In die Dörfer siehts ja aus wie im vorijen Jahrhundert, alles noch Kopfsteinpflaster und sandije Sommerwege neben die Straßen.«

»Wenn die jungen Leute in den Landwirtschaftlichen Produktionsgenossenschaften keinen Platz finden, gehen sie natürlich in die Industriestädte«, entgegnete einer der beiden FDGB-Leute. »Andererseits ist die Natur hier bis zum Spreewald noch heil.«

Der Mann vergaß dabei einfach das riesige Kohlekraftwerk bei Lübbenau, das eines der größten in Europa sein sollte, und damit vergaß er auch, über die giftigen Schwaden zu reden, die von den hohen Schornsteinen weit über die Umgebung verteilt wurden.

Der Busfahrer hatte das Radio angestellt, und die Stimme Marlene Dietrichs verkündete, daß nur der Wind allein die Antwort wußte. Eine träge Stille war im Bus, als sie sang: »Wieviele Menschen sind heute noch nicht frei und würden so gerne es sein ... wieviele Kinder gehn abends zur Ruh und schlafen vor Hunger nicht ein. Wie große Berge von Geld gibt man aus für Bomben, Raketen und den Tod ... wie große Worte macht heute mancher Mann und lindert damit keine Not ...« Die deutsche Übersetzung von Bob Dylans »Blowing In The Wind«.

Kramer blickte über die Novemberlandschaft, über nasse, trist daliegende Felder und Wiesen. Er sah die blattlosen Birken vorüberziehen, sah den stumpf in seinem Bett ruhenden Scharmützelsee, über dessen Wasserfläche dichte Regenwolken hingen. Es hörte sich eigentlich banal an, die Antworten auf so schwerwiegende Fragen dem Wind zuzuschieben. Aber wer wußte die Antworten denn sonst? Die Politiker bestimmt nicht, weder in West noch in Ost. Bemühten sich diese Leute überhaupt darum, alles bis zum Ende durchzudenken, um Schaden abzuwenden von den Menschen, die sie gewählt hatten oder die vorgaben, sozialistisch zu handeln und mit dem Volk auf einer Stufe zu stehen? Sie bemühten sich immer am stärksten, wenn es darum ging, Schaden von ihrer eigenen Person abzuwenden, wenn ihre eigene Existenz in Frage gestellt wurde. Dann fanden sie auch die passenden Antworten.

So ist das, dachte Hans, als der Bus auf die Autobahn rollte, da haben wir uns nun nach vielen vorangegangenen Schwierigkeiten zusammengesetzt, Ostler und Westler. Wir haben uns darüber die Köpfe heiß gequasselt, wo der kleine Mann mehr Rechte und Freiheiten hat, haben uns über den Friedensvertrag und über die Wiedervereinigung gestritten, wir, die wir doch alle gleichermaßen abhängig und in der Mehrheit das tun, was von uns verlangt wird. Und dann trennen wir uns wieder, ohne eine Antwort gefunden zu haben, weil anscheinend überhaupt keiner weiß, ... aber der Wind wehte ja auch nicht immer.

Siehst du, das ist spontan

Am 4. April 1968 wurde in Memphis, Tennessee, der farbige Pfarrer und Vorkämpfer für die Gleichberechtigung der Farbigen in den USA, Martin Luther King, ermordet. Der Friedensnobelpreisträger, der wie Gandhi den Grundsatz der Gewaltlosigkeit vertrat, war nur 39 Jahre alt geworden.

Als Joachim Kramer von der Arbeit nach Hause kam, war das erste, was er zu seinem Vater sagte: »Die Gewerkschaft hat wegen der Ermordung Martin Luther Kings zu einer Demonstration aufgerufen. Bist du dabei?«

»In dem Fall selbverständlich«, sagte Hans sofort. »Muß die Weiterarbeit an meinem Gastarbeiter-Buch eben mal warten. Hab' sowieso schon eine Menge Text auf Band vorrätig.«

Als Vater und Sohn eine halbe Stunde vor Beginn des Schweigemarsches, dessen Ziel das Schöneberger Rathaus sein sollte, auf dem Breitscheid-Platz eintrafen, hatte sich zu Füßen der Gedächtniskirche nur ein kleines Häufchen von Gewerkschaftern eingefunden. Hans entdeckte darunter den DGB-Pressesprecher. Er begrüßte ihn und meinte: »Na, da gehen wir wohl am besten wieder. Mit den paar Figuren geniert man sich ja, durch die Berliner Straßen zu laufen.«

»Abwarten, Kollege! Ist noch etwas Zeit. Da kommen sicher noch eine ganze Menge. Wir hatten ja nicht viel Zeit, um das überall in den Betrieben bekannt zu machen.«

Im selben Augenblick kamen mehrere Polizeifahrzeuge aus der Hardenbergstraße. Dahinter folgten endlose Reihen von Studenten, Professoren und anderen Leuten, die sich vor der Technischen Universität versammelt hatten. Fünfzehn bis zwanzig Personen in jeder Reihe. Sie hatten sich untergehakt, und alle liefen im leichten Trab. Die Schuhe dröhnten rhythmisch auf dem Asphalt der Straßen, und wie ein wütend-mahnendes Grollen tönten tausende von Stimmen in dem Ruf: »Martin-Luther-King! Martin-Luther-King!«

»Siehst du, das ist spontan«, sagte Hans zu dem Pressemann. »Da braucht es keine besonderen Aufrufe.«

»Lauft ihr mit?« rief Joachim.

Sie hörten den DGB-Mann noch rufen: »Ihr wollt doch nicht etwa mit diesen linken Brüdern ...?«

Da befanden sie sich schon mitten in einer Reihe, wurden untergehakt von Fremden und doch Gleichgesinnten. So liefen sie zu einer kurzen Kundgebung vor dem Rathaus, wo eigentlich eine ganz andere Demonstration erwartet wurde. Und ihre Schuhe dröhnten mit den anderen auf dem Asphalt. Und statt der in letzter Zeit oft gehörten »Mao-Tse-Tung«-Rufe, war heute der aus Empörung und Trauer gemischte Ruf zu hören: »Martin-Luther-King! Martin-Luther-King!«

Obwohl diese Demonstration eine der friedlichsten war in Berlin, und obwohl nicht mehr geschah, als daß er zum Gedenken an einen großen, aufrechten Menschen mit tausenden anderen Menschen durch die Straßen gelaufen war, Hans hat diese Stunden nie vergessen.

Wir läuten Hoffnung

Jürgen Grützke hatte seine Mutter von der Bäckerei abgeholt. Selma war etwas früher gegangen, weil sie im KONSUM für das Wochenende einkaufen wollte. Der Siebenjährige trug sein Halstuch. Er wollte gleich anschließend zu einem Treffen der JUNGPIONIERE. Selma betrachtete diese staatlichen Jugendorganisationen immer sehr skeptisch. JUNGPIONIERE, THÄLMANNPIONIERE, FREIE DEUTSCHE JUGEND, das erinnerte sie an ihre Kinder- und Schulzeit, als ihr Vater zu ihrer Mutter sagte: »Niemals zieht das Kind so eine BDM-Kluft an! In unserer Familie lassen wir niemanden uniformieren!«

Das war schon tief im Krieg gewesen, und alles verlor sich dann irgendwie hinter dem dichten Schleier der Ereignisse. Als Selma ihrem Vater nach Zehlendorf schrieb, daß Jürgen nun zur Schule ging und den JUNGPIONIEREN angehörte, hatte ihre Schwester Eva das zurückgeschrieben, was der halbblinde Vater ihr diktierte: »In den zwanziger Jahren habe ich als Junge schöne Zeiten bei den Roten Radfahrern gehabt. Wir waren sehr arm damals im Wedding. Für ein altes Fahrrad hat es aber noch gereicht. Keine Uniform dabei, wozu? Wir gehörten auch so alle zusammen und kannten das gemeinsame Ziel der Arbeiterjugend. Einmal sind wir weit in die Uckermark hinein geradelt. Und dann das Zeltlager. Nur ein paar mager belegte Stullen von Mutter hatten wir mit. Im Lager unter unserer roten Fahne gab es Kartoffelsuppe. Viel Kartoffeln, kein Fleisch darin. Aber dafür die Gemeinsamkeit mit Freunden und die schöne Natur. Wenn Euer Junge das bei Euch drüben auch so erleben kann, dann ist es gut.«

Wenn es nur das Zeltlager wäre, dachte Selma. Das ist

bestimmt besser für einen Jungen, als wenn er mit seinen Eltern in ein FDGB-Heim in Thüringen oder an die Ostsee fährt. Wenn nur diese verdammten politischen Beeinflussungen nicht wären. Oftmals waren sie direkte Aufforderungen zur Bespitzelung der Nachbarn, Bekannten und sogar der eigenen Eltern.

»Papa, die Schmidts drüben haben Antennen für das Westfernsehen auf dem Dach! Der Jörg trägt immer ein Hemd mit so einer Ami-Aufschrift auf dem Rücken, wenn er im Garten ist! Der Schmidt ist doch in deiner Brigade.«

Jetzt traute Selma sich erst recht nicht, im Radio den RIAS oder den Sender Freies Berlin einzuschalten.

Sie hatten die Lindenstraße passiert, überquerten den Zikkenplatz und wollten den Heimweg abkürzen, indem sie rechts an dem Feldsteinbau der Teltower Kirche vorbeigingen. Da kam ihnen plötzlich Pfarrer Rübelang entgegen.

»Guten Tag, Frau Grützke. Wie geht's der Familie?«

Was sollte Selma machen? Sie drückte ihrem Sohn auch die zweite Einkaufstasche in die Hände. Es war ja nicht mehr weit bis zu ihrem Haus. »Geh du schon mal vor. Tag, Herr Pfarrer. Bei uns ist alles gesund, auch die Mutter. Sie sehen selbst, der Junge wächst schneller, als es uns lieb ist.«

Sie kannte Rübelang. Der verwitwete Mann kam jede Woche einmal in die Bäckerei, um Brot zu kaufen. Davon abgesehen war sie dem Pfarrer auch noch in einem ganz anderen Zusammenhang begegnet. Das war eine Geschichte, die sie selbst äußerst lustig fand, über die sich ihr Mann Harald aber maßlos geärgert hatte.

Ein Kollege ihres Mannes, der im Betrieb schon zweimal die Auszeichnung BESTER MECHANIKER erhalten hatte und der sich mit seinen Verbesserungen innerhalb des NEUERERSYSTEMS auch schon hervortat, war mit einer Betriebsangehörigen verlobt. Deren Aufgabe bestand darin, für ein reges Kulturleben im Werk zu sorgen. Das tat sie mit dem ganzen Einsatz ihres Einfallsreichtums. Sie gründete eine Theatergruppe, einen Chor, ein Filmstudio, einen Literaturzirkel und sorgte dafür, daß Konzert- und Theatergastspiele direkt an die Arbeitsplätze kamen. Eine ihrer Aufgaben war das Ausrichten sogenannter SOZIALISTISCHER HOCHZEITEN. Wenn im Werk ein Paar heiratete, wurde alles gestellt, der Raum, das Hochzeitsessen, ja, selbst das Standesamt mußte hierher kommen.

Beide, der Mechaniker Rolf und seine Verlobte Gisela waren aufgrund ihrer Leistungen sehr angesehen bei der Betriebs-, Gewerkschafts- und Parteileitung. In den vergangenen Jahren mehrmals aufgefordert, Mitglieder der Partei zu werden, hatten sie es verstanden, diese Entscheidung immer wieder hinauszuschieben.

Vor zwei Monaten hatten Rolf und Gisela im Betrieb geheiratet. An dem Hochzeitsessen nahm auch das mit ihnen befreundete Ehepaar Grützke teil. Alles verlief wie gewohnt, harmonisch mit vielen Ansprachen voller Lob für das Geleistete und mit der Aufforderung, genauso wie bisher weiterzumachen im Sinne einer sozialistischen Zukunft.

Rolf und Gisela hatten eine Neubauwohnung an der Ernst-Thälmann-Straße bekommen. Nach der Feier sollten sie, ein paar Kollegen, darunter auch Grützkes und Leute aus der Betriebs- und Parteileitung, mit Autos des Betriebes dorthin gefahren werden. Als sie durch die Teltower Altstadt kamen, sagte Rolf zu dem Fahrer des vorderen Wagens: »Fahr mal drüben an der Kirche vorbei, Kollege. Wir sind da angemeldet, und ihr seid alle eingeladen, uns zu begleiten.«

Noch heute sah Selma die zu Eis erstarrten Gesichter vor sich. Doch was blieb den anderen, der zweite Wagen war ihnen gefolgt, weiter übrig, als dem immer so hochgelobten

Paar in die Kirche zu folgen. So nahmen sie alle an der kirchlichen Trauung teil, mit Orgelmusik, einer kurzen Predigt und dem Segen, der für alle Anwesenden bestimmt war. Unter der Kirchenpforte verabschiedete Pfarrer Rübelang sie einzeln mit kräftigem Händedruck.

An dem Tag hatte es nicht nur Harald die Sprache verschlagen. In der Wohnung des jungen Ehepaares kippte er mehr Schnaps und Bier in sich hinein, als ihm guttat. Am nächsten Tag jedoch waren Rolf und Gisela die »hinterhältigsten, verstaubtesten, pfaffenhörigsten Scheißer« in der gesamten DDR. Und Selma amüsierte sich. »Ich bin zwar nicht in der Kirche, weil unsere Eltern uns weder taufen noch konfirmieren ließen, aber ich fand es toll, mit welcher Selbstverständlichkeit die beiden uns alle zu ihrer Trauung in die Kirche gelotst haben. So hast du den schönen alten Bau auch einmal von innen gesehen.«

»Möchte bloß mal wissen, wie die Pfaffen das machen?« hatte Harald gebrummt. »Überall mangelt es an Geld und an Material, aber die scheinens zu haben.«

Das war eine Frage, die auch von manchem Zehlendorfer gestellt wurde, der am Teltow-Kanal spazierenging, um über die Grenze hinweg nach Teltow hinüberzublicken. Die Kirche da drüben mit den genau gehenden Uhren am alles überragenden Turm machte auch aus der Ferne einen ordentlichen und guterhaltenen Eindruck, was man von vielen Kirchen in der Mark Brandenburg nicht unbedingt sagen konnte. Woher wohl das Geld dafür kam?

Hans Kramer erfuhr das später von einem als sehr aktiv bekannt gewordenen Pfarrer der Gemeinde Schönow. Aus einer alten Tradition heraus gehörten der Landkreis Teltow und Zehlendorf bis zum Jahr des Mauerbaus 1961 zu einem Kirchenkreis mit einer gemeinsamen Synode. Von 1961 bis

1972 gab es nur noch briefliche Kontakte zwischen den gespaltenen Kirchengemeinden. Der 1963 geweihte Glokkenturm der neuen, im modernen, schlichten Stil erbauten Schönower Kirche, sollte ursprünglich so hoch sein, daß das Kreuz auf der Spitze drüben in der Brudergemeinde Teltow zu sehen war. Das ließ sich nicht verwirklichen. Ein anderer, verbindender Ausweg wurde gefunden. Die drei Glocken, die bis über den Kanal hinweg zu hören waren, erhielten die Inschriften:

»Wir rufen Schönow!«
»Wir rufen Teltow!«
»Wir läuten Hoffnung!«

Ein Teil der Hoffnung erfüllte sich 1972 mit der Unterzeichnung des Schlußprotokolls zum Vier-Mächte-Abkommen, das die Berlin-Regelung in Kraft setzte, und mit der Unterzeichnung des Vertrages über die Grundlagen der Beziehungen der Bundesrepublik Deutschland und der Deutschen Demokratischen Republik. Von da an fanden die Pfarrkonvente des Kirchenkreises Zehlendorf durch die Vermittlung desselben Schönower Pfarrers jedes Jahr im Monat Mai in einer anderen Gemeinde des Kirchenkreises Teltow statt, zum Beispiel in Ruhlsdorf oder in Großbeeren. In den Jahren nach 1972 unternahm der unermüdliche Pfarrer mit rund zweihundert Konfirmanden Jahr für Jahr Fahrten in die Mark Brandenburg, die jedesmal mit einer Kaffeetafel oder einem Abendessen im Teltower Pfarrhaus oder im Diakonissenhaus Seehof abgeschlossen wurde. Daraus ergaben sich wichtige Dauerkontakte zwischen den Menschen jenseits und diesseits des Kanals, dessen gesperrte und zum Teil verrottete Brücke auch so überwunden werden konnte.

Damit war aber die Frage nach den Finanzen der Teltower Kirche noch nicht beantwortet. Auch das hatte seine geschichtlichen Hintergründe. Der Pfarracker auf dem Gebiet Zehlendorfs zwischen Sachtlebenstraße, dem Nieritzweg und dem Teltower Damm war Eigentum der Kirchengemeinde Teltow. Sie hatte das Land für 99 Jahre zum Zweck des Wohnungsbaus verpachtet. Weil die Pacht nun nicht mehr den direkten Weg nach drüben nehmen konnte, wurde das Geld vom Konsistorium in West-Berlin verwaltet und bei Bedarf nach Teltow überwiesen.

Nun war aber auch für Westgeld in der DDR nicht immer das Material zu bekommen, das benötigt wurde. Als für die Erneuerung des Kirchendachs in Teltow Kupfernägel gebraucht wurden, sprang wieder einmal der Pfarrer aus Schönow in die Bresche. Und jeder, der die Schwierigkeiten kannte, die es an den wenigen Grenzübergängen gab, wenn jemand irgend etwas von einem Deutschland in das andere schaffen wollte, wußte, daß es nicht allein damit getan war, die Kupfernägel in einen Rucksack zu packen und auf des Pfarrers Rücken nach Teltow zu schaffen.

Die evangelische Kirche von Teltow, aus Feldsteinen der Mark Brandenburg erbaut.

Die von 1905 bis 1907 erbaute Glienicker Brücke zwischen Zehlendorf-Wannsee und Potsdam wurde bekannt als eine gesperrte »Brücke der Einheit«, auf der Ost- und Westspione ausgetauscht wurden.

Eine geschlossene Gesellschaft

Als im April 1970 wieder einmal eine Gewerkschaftsgruppe auf Einladung des FDGB in die DDR fuhr, diesmal sollte das Chemie-Faser-Werk *Friedrich Engels* in Premnitz besichtigt werden, war das für Hans Kramer schon beinahe zur Routine geworden.

Ein Jahr zuvor hatten sie ein neu erbautes Faser-Werk in Guben besucht. Wenig nur war Hans von der dreitägigen Reise in Erinnerung geblieben. Er wußte noch, daß Guben auch WILHELM-PIECK-STADT genannt wurde. Er erinnerte sich auch noch an verschiedene westdeutsche Unternehmen, die in dem Werk Produktionseinrichtungen montiert hatten. Auch der große Konzern, dem die Fabrik in Zehlendorf unterstand, war darunter.

Sie waren damals in einer Jugendherberge in dem Grenzstädtchen Forst untergebracht gewesen, wo ein sehr gut schmeckendes Brot gebacken wurde. Am Sonntagmorgen, vor dem Frühstück, war Hans allein zur nahen Neiße hinuntergegangen. Lange sah er über den Fluß hinüber in das allerdings von dichten Sträuchern verdeckte Gebiet, das seit dem Kriegsende zu Polen gehörte. Und irgendwo da drüben, hinter der nur vom Vogelgezwitscher unterbrochenen Morgenstille lag der Ort Sommerfeld, der jetzt Lubsko hieß. Im Frühjahr 1939 hatte er da als Junge im Rahmen einer Kinderlandverschickung vier herrliche Wochen bei einem Bauern verbracht. An dem Morgen war ihm das vorgekommen, als wäre es in einem anderen Leben gewesen.

Diesmal nun Premnitz im Havelland, dessen Wiesen und Niederungen in diesem Frühjahr weithin überschwemmt waren. Auch hier erfolgte ihre Unterbringung in einer Jugendherberge in dem Dorf Milow, das mit seinen weit auseinanderstehenden Häusern und Höfen typisch war für die Landschaft. Die Flächen zwischen den Häusern und der schmalen Straße waren sauber geharkt. Die Zusammensetzung der Gruppe war bunter geworden und ganz der Zeit entsprechend. Nicht nur, daß ein paar junge Chemie- und Textilmeister aus reinem Interesse daran, die Arbeit in einem DDR-Faser-Betrieb kennenzulernen, mitgefahren waren. Es befanden sich auch einige Leute der AUSSERPARLAMENTARISCHEN OPPOSITION darunter, sowie drei junge Männer aus sogenannten K-Gruppen. Das waren Gruppen, die sich im vorderen Teil ihrer Namen als KOMMUNISTISCHE PARTEI oder auch als -BUND bezeichneten. Daran hatten sie die verschiedensten Namen gehängt, wie LENINISTEN, MARXISTEN, STALINISTEN oder MAOISTEN. Die Hauptsache dabei war wohl, daß sie alle ihr eigenes Programm hatten und sich ideologisch anders sahen als die Mitglieder der für sie als bürgerlich bezeichneten »Sozialistischen Einheitspartei« der DDR, und daß sie sich auch untereinander ständig in den Haaren lagen. Um ihre Verbundenheit mit der Arbeiterklasse besonders zu betonen, hatten diese drei Mitreisenden blaue Schlossermonturen angezogen.

Eine der APO-Anhängerinnen war Magda. Seit etwa vier Monaten arbeitete sie in einer Frauenabteilung der Zehlendorfer Faser-Werke. Mit dem Betriebsrat befand sie sich in einem ständigen Kampf, weil der, ihrer Ansicht nach, ihre Forderungen nicht schnell genug durchsetzte. Magda war Mitte der Dreißig. Ihr langes, glatt gekämmtes Haar war bereits an vielen Stellen ergraut. Inzwischen wußte jeder, daß Magdas Vater ein bekannter CDU-Politiker in Bonn war. Sie selbst gab sich oft bis zur Peinlichkeit antiautoritär. Als sie im

Premnitzer Betrieb während der Besichtigung eines Kindergartens die Jüngsten in Laufgittern entdeckte, stürzte sie sofort darauf zu und fing an, die Kinder aus den Holzgattern zu heben. Dabei rief sie mit überschlagender Stimme: »Genau so habe ich mir das hier vorgestellt! Hier werden schon die Jüngsten in autoritäre Zwangsjacken gesteckt!«

Im Waschraum hatten die Kinder ihre Handtücher, Waschlappen, Zahnbecher und -bürsten mit leicht erkennbaren Merkmalen versehen wie Birne, Apfel, Vogel oder Fisch. Auch darin sah Magda sofort den Zwang und das Muß. Die armen Kindergärtnerinnen waren völlig verdattert über das seltsame Benehmen der dünnen Frau aus dem kapitalistischen Westen.

Am Abend, während der Busfahrt von dem Dorf Milow nach Premnitz, wo »zum Zweck der gegenseitigen Verständigung« im Kulturhaus ein Tanzabend stattfinden sollte, gerieten Meister Gert Wolter und Magda in einen Streit über die Frage, wie weit das mit der Antiautorität gehen durfte. Kramer hörte einige Sätze davon, so, als Gert sagte: »Gut, du hältst Polizisten auf den Straßen für überflüssig, willst die Kinder auffordern, sie nur Bullen zu nennen und ansonsten überhaupt nicht zu beachten. Heißt das denn auch, daß die Kinder sich von den Polizisten nicht über verkehrsreiche Straßen bringen lassen sollen und sie jede Verkehrsampel einfach ignorieren?»

»Genau das heißt es«, entgegnete Magda. »Schon Kinder sollen lernen, nicht mit blindem Gehorsam den strikten Anordnungen der Obrigkeit zu folgen. Sie müssen ihrem eigenen Instinkt folgen, der auch die Freiheit der eigenen Entscheidung bedeutet.«

»Daß wir uns nicht falsch verstehen, Magda«, sagte Gert, »ich bin sogar sehr dafür, daß Kinder nicht wie die dressierten

Dackel durch die Gegend laufen, daß sie selbstständig denken und handeln lernen müssen, aber es gibt nun mal Regeln und Gesetze ...«

»Die keinen Pfifferling wert sind«, ereiferte sich Magda. »Und der ständig zunehmende, umweltgefährdende private Autoverkehr, der muß eben abgeschafft werden, besonders in den Städten.«

»Interessant eure Überlegungen«, meinte Gert darauf. »Dem Einzelnen das Autofahren verbieten, das wäre dann also nicht autoritär, oder?«

Die Idee mit dem Tanzabend erwies sich als ein Schlag ins Wasser. Die Berliner, eben wie Touristen salopp und sportlich gekleidet oder in den erwähnten blauen Monturen, nahmen ganz automatisch alle geschlossen auf der linken Seite des Saales Platz. Die Premnitzer Frauen und Männer, in ihren besten Kleidern und Anzügen, die Männer mit Krawatte, setzten sich nach rechts. Nach zwei längeren Reden, für die Berliner sprach Ewald Matuschek, spielte eine Vier-Mann-Kapelle schöne alte Schinken aus den fünfziger und sechziger Jahren.

»Ach du lieber, mein Vater!« stöhnte Udo. »Die Musike haut ja den stärksten Eskimo vom Schlitten!«

»Tanzt lieber mal mit den Leuten von hier«, sagte Matuschek. Aber dann tanzten die Premnitzer miteinander, während sich die Berliner, angeregt von den kostenlosen Getränken, lautstark unterhielten. Einer der K-Gruppen-Leute, ein blasser, schmächtiger Junge, pöbelte den Kellner an: »Sag mal Genosse, kommst du dir nicht total behämmert vor, wenn du hier wie ein Sklave andere Leute bedienen mußt und dir dabei Plattfüße holst?«

»Das ist schließlich meine Arbeit«, sagte der Mann, nachdem er die Worte verdaut hatte. »Und diese Arbeit ist genauso gut und wichtig wie jede andere.«

So kann das hier unmöglich weitergehen, dachte Hans. Als Ewald zur anderen Seite hinüberging, um eine der Frauen zum Tanzen aufzufordern, folgte er seinem Beispiel. Es wurde aber eine recht schweigsame Runde, denn weder er, noch seine Tanzpartnerin fanden die richtigen Anknüpfungspunkte für ein Gespräch.

Es kam einfach keine Stimmung auf. Für Abwechslung oder vielmehr für Aufsehen sorgte Magda, als die Musik eine Pause einlegte. Von der Straße kam einer junger Mann herein und sah sich um. Er trug Cordhosen und eine abgewetzte Lederjacke. Der Kellner, der vorhin so unschön angemacht worden war, wollte ihm mit den Worten den Zutritt verwehren: »Das ist eine geschlossene Gesellschaft. Und ohne Krawatte können Sie hier schon gar nicht rein. Das steht doch groß auf dem Schild an der Tür.«

Der junge Mann deutete mit dem Daumen nach links. »Und die da? Trägt da einer 'nen Schlips?«

»Das sind Gäste aus West-Berlin«, konterte der Kellner. »Die laufen da so rum.«

Da rief Magda, die das mitangehört hatte: »Komm nur rein Genosse! Hier ist genug Platz.«

Der Kellner, der ja auch nur seinen Anweisungen folgte, bekam so zum zweiten Mal einen Tritt. Etwas später fragte der neuhinzugekommene Premnitzer die Berliner, warum sie nicht in Milow geblieben waren. Da wäre heute abend in der HO-Gaststätte toll was im Gange, nicht so eine lahmarschige Musik wie hier. Und plötzlich, innerhalb einer Viertelstunde, war gut die Hälfte der Gruppe verschwunden. Auch der Bus war weg.Gegen dreiundzwanzig Uhr war offiziell Schluß. Nach höflichem Händeschütteln gingen sie auseinander. Der

Bus stand wieder vor der Tür und brachte den Rest der Truppe in das auf der anderen Seite der Havel gelegene Dorf. Jetzt wollten die Leute um Ewald Matuschek und Hans Kramer natürlich auch sehen, was in der HO-Gaststätte los war. Im hinteren Teil der Wirtschaft war eine doppelflügelige Tür weit geöffnet worden und verschaffte Einblick in einen Tanzsaal, in dem sich unzählige Jugendliche dicht gedrängt zur Musik einer siebenköpfigen Rock-Band bewegten. Derartige Veranstaltungen gab es im Jahr in einem Dorf wie Milow höchstens zweimal.

»Bleiben wir lieber hier vorn«, sagte Ewald. »Da drinnen versteht man ja sein eignes Wort nicht bei dem Lärm.«

Sie blieben bis ein Uhr. Es war lustig, mit anzusehen, wie immer wieder Mütter aus dem Ort auftauchten, die es sogar schafften, ihre böse dreinblickenden Töchter aus dem Gewühl im Saal herauszuholen. Auf ihrem Tisch standen schon eine Anzahl leerer Gläser, als ein junger Mann, der eine blaue Schürze vorgebunden hatte, zum Abräumen kam.

»Hör mal, mein Freund«, sagte Meister Wolter. »Kannst uns bei der Gelegenheit gleich noch eine Runde Bier bringen.«

Der stämmig gebaute Bursche schüttelte traurig blickend den Kopf. »Das geht nicht. Dafür bin ich nicht qualifiziert.«

»Wat biste nicht?« fragte Gert verwundert. »Nicht qualifiziert? Sagst du auch zu deiner Freundin, wenn sie mal bumsen will, daß du dafür nicht qualifiziert bist?«

»Laß den Jungen in Ruhe«, lenkte Matuschek ein. »In der DDR hat eben jeder seine bestimmten Aufgaben.«

Am Sonntag, auf der Rückreise, fuhren sie über Potsdam und besichtigten im Schloß Cecilienhof den Raum, in dem vom 17.7. bis 2.8.1945 die alliierten Staatsmänner Truman, Stalin und Attlee zur Potsdamer Konferenz zusammengetroffen waren, um über die Behandlung Deutschlands durch die Siegermächte zu befinden. Nach dem Mittagessen im Cecilienhof sollte das Militärmuseum besichtigt werden, das in dem in der Nähe gelegenen Marmor-Palais untergebracht war.

»Nee, Ewald«, protestierte Hans. »Da kriegt ihr mich nicht mit rein. Der Kriegskram interessiert mich nicht. Wenn ihr nichts dagegen habt, besuche ich derweilen Verwandte hier in Potsdam.«

»Na gut, wir treffen uns dann alle um 18 Uhr auf dem Platz der Nationen vor dem Brandenburger Tor.«

So kam es, daß Hans Kramer am 19. April 1970 unerwartet bei der Cousine seiner Frau in der Leninallee auftauchte. Nicht nur Herta war überrascht, auch ihre Tochter Christine und deren Mann Günter, die da zur Zeit ein Zimmer bewohnten. Auch Hans fühlte eine gewisse Beklemmung, als er Christines Mann in der Uniform der Nationalen Volksarmee vor sich sah. Und während die Wiedersehensfreude bei den beiden Frauen sehr groß war, hielt Günter sich wortkarg zurück. Er ging bald mit der Bemerkung, daß er zum Dienst müßte.

Erst als sie gemütlich am Kaffeetisch saßen, erklärte Christine: »Günter ist doch Unteroffizier bei der NVA. Und den Soldaten ist jeglicher Kontakt zu Westlern, egal ob verwandt oder nicht, streng untersagt. Darum mußt du ihm sein schnelles Verschwinden nicht übelnehmen, Onkel Hans.«

So blieb es auch in den Jahren nach 1972, als den Westberlinern Besuche in der DDR gestattet waren. Wenn sie Kramers Cousine Herta in Potsdam besuchten, blieb Günter fern. Später erschien auch Christine nicht mehr zu den Treffen, weil sie befürchten mußte, von linientreuen Hausbewohnern beobachtet und angezeigt zu werden. Die Begegnungen liefen fortan so ab, daß Kramers mit der Cousine spazierengingen. Wenn sie zum Beispiel am Park Charlottenhof auf der einen Seite der Geschwister-Scholl-Straße blieben, kamen Christine, Günter und ihr Sohn ihnen auf der gegenüberliegenden Seite entgegen. Verstohlen und unauffällig nickte man sich dann aus der Ferne zu und ging weiter. Daran änderte sich nichts, solange diese *demokratische* Republik existierte. Sogenannte GEHEIMNISTRÄGER durften keine Besuche aus dem Westen empfangen, die nicht ganz offiziell genehmigt waren. Und GEHEIMNISTRÄGER konnte schon jemand sein, der in einer Polizeisporthalle die Toiletten reinigte.

Das war die letzte Besichtigung eines DDR-Betriebes, die Hans Kramer mitmachte. Zum einen blieb ihm neben seiner Tätigkeit als Betriebsrat kaum noch Zeit dafür, zum anderen war der Organisator der »Studienfahrten« Ewald Matuschek ganz plötzlich aus dem Parteibüro der SEW verschwunden. Erzählt wurde, daß er sich mit der Sozialistischen Einheitspartei überworfen habe und ins Ausland gegangen sei. Hinzu kam, daß die Fahrten immer nach dem gleichen Schema abliefen. Jedesmal gab es nur kurze, höchst unzureichende Einblicke in die Produktion, dafür lehrende Vorträge darüber, wie gut der Bürger in der DDR lebte, wie hervorragend und sozial die Arbeit in den Betrieben organisiert war und wie unsozial es dagegen in der kapitalistischen Bundesrepublik zuging. Dann noch etwas Kultur und fertig war die Mischung.

Nach der Premnitz-Fahrt sagte Meister Wolter: »Auf den ersten Blick macht es natürlich etwas her, wenn man sieht, daß bei denen drei Mann eine Maschine bearbeiten, während bei uns, mal grob gesehen, drei Maschinen von einem Mann betreut werden. Wenn das überall so ist, können die Leute natürlich von Vollbeschäftigung reden. Die schaffen einfach einen Arbeitsplatz für einen Arbeitslosen, auch wenn der völlig sinnloses Zeug tut. Ihr solltet euch aber mal fragen, wie kommen die drüben wirtschaftlich damit zurecht? Wie können die bei den Personalkosten echt auf dem Weltmarkt mitreden? Der ganze Klimbim, den es da in den Betrieben gibt, muß doch im Umsatz enthalten sein, oder? Bei dem Aufwand müßte da eigentlich alles so teuer sein, daß es kein Aas bezahlen kann. Folglich schustert der Staat überall Geld dazu. Aber wie? Woher nehmen die das auf die Dauer?«

Das war eine scheinbar mehr im Westen als im Osten diskutierte Frage. Wenn Kramer von der Cousine Herta hörte, daß sie in Potsdam für eine Fahrt mit der Straßenbahn achtzehn Pfennige bezahlte, wenn sie den Sammelfahrschein benutzte, dann brauchte er diesen »Beinahe-Null-Tarif« nur mit dem saumäßigen Zustand der Straßenbahngleise zu vergleichen. Und wußte die Antwort.

Ein Übersiedler, der in einer LPG in der Mark Brandenburg gearbeitet hatte, erzählte ihm, daß die LANDWIRTSCHAFTLICHE PRODUKTIONSGENOSSENSCHAFT zum Beispiel für ein Kilo Tomaten zwei Mark mehr erhält, als der Endverbraucher im KONSUM später dafür bezahlen mußte. So wäre es vorgekommen, daß LPG's ihre eigenen Erzeugnisse vom KONSUM zurückkauften, um sie dann mit Gewinn erneut der HANDELSORGANISATION anzubieten. Wie konnte das auf die Dauer weiter so funktionieren?

Wertvolle Freundschaften

Es war still geworden in der Wohnung der Familie Kramer. Im Oktober 1970 hatte sich Joachim von seinem Arbeitgeber, dem Fernmeldeamt der Post, nach München versetzen lassen. Im Hinblick auf die Vorbereitungen der Olympischen Spiele 1972 herrschte da ein Mangel an Fachkräften. Außerdem wollte er endlich einmal heraus aus der beklemmenden Insellage West-Berlins. Hinzu kam die Hoffnung, daß er in einer Stadt wie München mit seiner Musik besser vorankam.

Die Olympiade, die durch das furchtbare Ende der Geiselnahme israelischer Sportler durch Terroristen zur schrecklichsten ihrer Geschichte werden sollte, war vorbei. Jetzt, im Jahr 1973, wurden in Ost-Berlin die WELTJUGENDFESTSPIELE vorbereitet.

Renate büffelte für das Abitur und war daher zur Zeit kaum ansprechbar. Ihre Mutter stand jeden Morgen an den Wochentagen als erste auf, sorgte für das Frühstück und fuhr im Sommer wie im Winter nach Nikolassee, Schlachtensee und Zehlendorf-Mitte, um pünktlich um acht Uhr ihren Marktstand zu eröffnen. »Kaum hast du den ersten Kunden bedient, da tauchen die Schnüffler von der Gewerbepolizei auf, um rumzumeckern, weil du noch nicht alle Waren ausgepreist hast.«

Hans hatte seinen GAST-ARBEITER-REPORT über einen größeren Buchverlag herausbringen können. Es war eine mühsame Arbeit gewesen, bei der es allerdings, auch für Irma, Stunden voller Spaß und Abwechslung gab. In den zwei Jahren, in denen er sich mit dem Thema befaßte, hatten sie nach und nach Leute aus vielen Nationen in ihre Wohnung eingeladen, Türken, Italiener, Spanier, Griechen, Libanesen, Palästinenser und andere. Alle wurden sie von Irma bewirtet, und wenn die Gespräche gut in Gang gekommen waren, fragte Hans, ob er sein Tonbandgerät einschalten dürfe. Die Auswertung der Tonbandprotokolle wurde später zur Sisyphusarbeit. Doch aus den Begegnungen entwickelten sich auch wertvolle Freundschaften.

Danach hieß es, die einzelnen Gespräche und Berichte mit Zwischeninformationen auszufüllen, etwa über die »Rechte der Fremden«, über die »Kontaktpflege«, die »Aufgaben der Gewerkschaften«, über das »Problem der Arbeitsunfälle« oder über die »zunehmende Ausnutzung von Ausländern durch sogenannte Sklavenhändler«. Kramer konnte stolz sein auf seine Arbeit, denn es wurde das erste Buch in der Bundesrepublik, daß sich etwas ausführlicher mit den hier arbeitenden »Gästen« beschäftigte.

Die Arbeit brachte ihn mit den Gründungsmitgliedern des Werkkreis Literatur der Arbeitswelt zusammen. Und obwohl er inzwischen in den Faser-Werken Betriebsratsvorsitzender geworden war, arbeitete er nebenbei im Werkkreis an einem Buch mit, das sich in einer bunten Palette den Problemen der Nacht- und Schichtarbeit widmete.

»Wozu machst du dir diese Mühe?« wurde er nicht selten gefragt. »Was bringt dir die ganze Schinderei?«

»Wieso? Über diese Sachen zu schreiben soll weniger mir als anderen etwas bringen, in dem Fall denen, die überhaupt nicht daran denken, daß viele Leute in einer Zeit arbeiten müssen, in der sie selbst vor der Röhre hocken, um sich 'Ein Herz und eine Seele' mit Ekel Alfred anzusehen«.

»Oder im Kino einen dieser als Aufklärungsfilme getarnten 'Schulmädchenreporte'«, fügte Irma hinzu. »Aber na ja, so betrachtet, ist Sex auch Nachtarbeit.«

Hans lachte. »Wenn ich in der Sache mehr Erfahrung hätte, würde ich vielleicht auch mal einen 'Sex-Report' schreiben.«

»Den würden die Leute aber genauso verwundert lesen, als wenn du ein Buch über Fußball machen würdest«, bekam er von seiner Frau zu hören. »Und was wolltest du da noch groß schreiben, wo es beim Sex kaum noch etwas zu enthüllen gibt?«

Das war allerdings so. Sexshops und Sex-Versandhäuser erhöhten in diesen Jahren rasant ihre Umsätze, und selbst in dem kleinbürgerlichen Bezirk Zehlendorf gab es Kneipen, in denen Sex-Filme gezeigt wurden. Kaum jemand bekam noch rote Ohren, wenn in aller Öffentlichkeit über Petting, Bumsen oder Orgasmusschwierigkeiten gesprochen wurde, es sei denn, er kam als Rentner zu Besuch aus der DDR.

»Warum auch nicht?« sagte Hans Kramer, und seine Frau war da ganz anderer Meinung. »Wir hören Tag für Tag von den grausamsten Dingen, die auf den Kriegsschauplätzen geschehen, wir sehen im Fernsehen Mord und Totschlag, ohne daß sich jemand darüber groß das Maul zerreißt. Die Liebe aber und alles was damit zusammenhängt, das, was von Natur aus zum Leben der Menschen gehört wie das Essen und Trinken, das möchten verstaubte Moralapostel verschwiegen wissen und nicht wahr haben. Sagen wir es doch offen heraus, wird ein junges Paar im Wald beim Vögeln erwischt, ist das heute für viele Leute immer noch empörender, als wenn ein Straßenräuber einer alten Frau die Handtasche klaut!«

Spiel nicht mit den Schmuddelkindern

Ende Juli 1973 kam Joachim Kramer zum ersten Mal wieder nach West-Berlin. Er wollte seine Eltern und die Schwester besuchen, beabsichtigte aber auch, mit seiner Gitarre und seinen Liedern nach Ost-Berlin zu fahren, um an den dort stattfindenden WELTJUGENDFESTSPIELEN teilzunehmen.

Nachdem er Irma und Hans einige seiner Lieder, die sich überwiegend mit den politischen Ereignissen in der westlichen Welt beschäftigten, vorgespielt und vorgesungen hatte, waren sie davon überzeugt, daß er damit im anderen Teil der Stadt viel Zustimmung finden würde. Ihnen selbst waren manche Texte, die auch Namen nannten, zu offen und zu radikal. Irma mochte mehr die Lieder, die Hannes Wader sang, und Hans hörte gerne den Song von Franz Josef Degenhardt »Spiel nicht mit den Schmuddelkindern«.

Joachim jedoch war der Meinung, daß linke Sänger wie Dietrich Kittner, Dieter Süverkrüp oder die Westberliner Gruppe »Lokomotive Kreuzberg« in Ost-Berlin ganz sicher mit viel radikaleren Songs auftreten würden. Und dann … erlebte er sein blaues Wunder und mußte erfahren, daß es in dem Regime, das sich *sozialistisch* nannte, nicht einfach damit getan war, links eingestellt zu sein. O nein. An zwei Grenzübergängen wurde er ohne Begründung zurückgewiesen. Seine Versuche, darauf hinzuweisen, daß diese Festspiele doch für die Jugend aus aller Welt stattfinden sollten, fanden kein Gehör. Am nächsten Morgen versuchte er es an einem dritten Übergang. Nach der Kontrolle seines Passes durfte er die erste Sperre passieren. Damit war er aber noch lange nicht in Ost-Berlin.

In einer Baracke wurde er von einem Uniformierten, der sich »Kultur-Offizier« nannte, und der hinter einem Pult saß, eingehend verhört. Dann hieß es: »So einfach in die Deutsche Demokratische Republik kommen, um hier zu musizieren und zu singen, das geht nicht.«

»Ich will ja nicht 'Oh, du schöner Westerwald' singen, sondern das hier.« Er kramte seine Texte aus dem Gitarrenkasten und legte sie dem Mann vor. Geduldig studierte der jedes Blatt. Er hatte Zeit. So viele ungeladene Liedermacher kamen ja auch wieder nicht. »Den Text da, den dürfen Sie hier nicht singen«, erklärte er schließlich und legte das Lied »Damals in Oranienburg« zur Seite. Der Inhalt besagte, daß Kommunisten und Sozialdemokraten einmal in Hitlers Konzentrationslagern eine gemeinsame Zukunft für Deutschland geplant hatten.

»Der Texter davon, dieser Hans Kramer, ist das Ihr Bruder?«

»Nee, mein Vater«, sagte Joachim.

»Hm, Ihr Vater also. Und der kennt sich damit aus, mit dem Oranienburg von damals?«

»Ich denke doch. Er hat ja diese Zeit miterlebt.«

»So, hat er?» Der Offizier entfernte sich ein paar Schritte von seinem Pult. Wahrscheinlich dachte er daran, daß die Einheitspartei der DDR sich ja aus Kommunisten und Sozialdemokraten zusammengesetzt hatte, als sie gegründet wurde. Aber er hatte seinen Beschluß nun einmal verkündet und wiederholte: »Das muß hier bleiben. Können Sie bei der Ausreise wieder abholen. Und alle anderen Sachen müssen fotokopiert werden.«

Nach mehr als einer Stunde zog Joachim mit seiner Gitarre endlich in Richtung Alexanderplatz weiter. Der Trubel unter dem Zeichen der Festspiele, fünf bunte Ringe, um den

Weltglobus verteilt, war gewaltig. Unzählige Fahnen und Bühnen, auf denen musiziert, gesungen und getanzt wurde. Viele Gruppen Jugendlicher, meistens in den Blauhemden der FDJ, standen oder saßen müßig herum. Hier wurde Eis geleckt und dort heftig diskutiert. An einer Stelle, in der Nähe des S-Bahnhofs, spielte ein Mädchen auf einer Gitarre den einfachen Rhythmus, während die anderen dazu ein italienisches Arbeiterlied sangen: »Avanti popolo – Alla riscossa, Bandiera rossa, bandiera rossa ...«

Als Joachim seine Gitarre auspackte, erregte er sofort die Aufmerksamkeit einiger Jungen und Mädchen. Ohne zu singen fing er mit dem Lied der »Moorsoldaten« an und spielte danach »Mamita mia«. Er war erstaunt, wie viele hier die Texte kannten und mitsangen: »Und alle deine Tränen i Mamita mia! die werden wir rächen. Und die verfluchte Knechtschaft i Mamita mia! die werden wir brechen.«

Mutiger geworden, trug er nun seine eigenen Lieder vor an diesem sonnigen Tag vor bald fünfzig bis sechzig aufmerksam lauschenden Zuhörern. Zwischendurch, in den Gesprächen, gab er zu erkennen, daß er aus München hierher gekommen war. »Wir sind eine ganze Gruppe. Und wir wollen unsere Lieder nicht für die Schreibtischschublade machen, sondern für ein großes Publikum – eben wie hier.«

Am nächsten Vormittag wiederholte sich alles. Derselbe Übergang, derselbe Offizier hinter dem Pult, die gleichen stupiden Fragen nach dem Zweck seiner Einreise und nach den Liedertexten. Neu war nur, daß er sich diesmal in einem besonderen Raum bis auf die Unterhose ausziehen mußte. Auch dafür gab es keine Begründung.

Dann stand er wieder am Alexanderplatz, an der Ecke Karl-Marx-Allee und Hans-Beimler-Straße. Er spielte eigene Sachen und sang zwischendurch auch Arbeiterlieder aus den zwanziger Jahren: »Stellste dir zum Stempeln an, wird det Elend nich behoben. – Wer hat dir, du armer Mann, abjebaut so hoch da oben?«

Am frühen Nachmittag tauchte ein älterer, hagerer Mann zwischen den vielen jugendlichen Zuhörern auf. Er stand eine ganze Weile und hörte Joachim zu. Doch plötzlich schien Joachim vergessen zu sein. Die Jungen und Mädchen umdrängten den Mann und ließen sich Autogramme geben. Joachim glaubte, nicht mehr gefragt zu sein und wollte eben seine Gitarre einpacken, als er von zwei Zivilisten angesprochen wurde. Einer davon hielt ihm flüchtig einen Ausweis vor die Nase. »Staatssicherheit! Ihre Papiere bitte.«

Er stellte die Gitarre gegen die Mauer und kramte alles hervor, was er am Grenzübergang bekommen hatte. Als der Staatssicherheitsmann in dem Paß herumblätterte, trat der ältere Mann zu ihnen und sagte: »Entschuldigung, Genossen, war gerade mit den Jungen dort beschäftigt. Wollte sagen, der junge Mann hier, der gehört zu mir, ist auf meine Einladung hier. Er singt meine Texte. Bin selbst nicht mehr so gut bei Stimme. Übrigens, Ernst Busch ist mein Name.«

Der Mann, der den Paß in den Händen hielt, sah den Hageren einen Moment verwirrt an, sagte dann aber: »Natürlich, wir kennen dich doch, Genosse Busch. Wenn es so ist ...« Joachim bekam postwendend die Papiere zurück.

So lernte er im Sommer 1973 den Sänger und Schauspieler Ernst Busch kennen, den Mann, der 1931 in der Uraufführung der »Dreigroschenoper« mitwirkte, der Hauptdarsteller war in dem 1932 im proletarischen Milieu spielenden Film »Kuhle Wampe«, der 1936 bis 1938 mit seinen vielen Liedern direkt von der Front den Kampf des spanischen Volkes gegen die Faschisten in der ganzen Welt bekannt gemacht hatte. In der DDR war Busch, der die Texte von Tucholsky, Kästner,

Mehring, Mühsam oder Klabund genauso sang wie die Balladen von Hanns Eisler, in den fünfziger und sechziger Jahren sehr populär. Doch wie viele andere Prominente auch, die sich einen sozialistischen Staat ganz anders vorgestellt hatten und laut Kritik übten, fiel Busch mehr und mehr in Ungnade und wurde später zu einer »wegen ihrer Verdienste geduldeten Person«.

In den folgenden Jahren, als Joachim den einst unter dem Namen »Barrikaden-Tauber« bekannt gewordenen Mann ein paarmal in Ost-Berlin besucht hatte, erzählte er, daß Busch es immer weniger vertreten konnte, von der Menschheit höchstem Gut, der Freiheit, zu singen, wenn das Volk um ihn herum hinter Stacheldraht und Mauern leben mußte.

Zum Abschluß der Festspiele zogen in Ost-Berlin die Jugendbrigaden, angeführt von bekannten Gesichtern, durch die Straßen. Und sie sangen: »Seid euch bewußt der Macht! Die Macht ist euch gegeben, daß ihr sie nie, nie mehr aus den Händen gebt ...!«

Doch zogen sie nicht an der Tribüne vorbei, auf der ein Walter Ulbricht stand, wie damals in Rostock, als er amerikanischen Reportern zurief: »Da, die Studenten da mißter filmen, nicht mich, die Studenten da!«

Der Staatsratsvorsitzende war nämlich am 1. August 1973, noch vor der Beendigung der Jugendfestspiele, verstorben. Erzählt wurde, daß es sein Wunsch gewesen wäre, seinen Tod nicht vor dem Ende der Feiern bekanntzugeben.

Ausgewiesen oder eingesperrt

Eines Tages bewarb sich im Personalbüro der CHEMIE-FASER-WERKE ein Mann um Arbeit, der als FREIGEKAUFTER oder als ZUGABE aus einem DDR-Gefängnis kam. Zwischen 1963 und 1989 wurden 33.755 politische Häftlinge von der Bundesregierung mit Hilfe der Vermittlertätigkeit einiger Rechtsanwälte, die ihrem Namen dabei noch den Anklang von Humanität gaben, für bares Geld freigekauft. Der DDR-Staat soll dabei rundgerechnet 3,5 Millionen Westmark kassiert haben. In den ersten Jahren verlangten sie 40.000 Mark für einen Gefangenen, später erhöhten sich die Summen dieses von beiden Seiten betriebenen Menschenhandels sogar auf 96.000 Mark pro Kopf. Viele Leute in der Bundesrepublik und in West-Berlin machten eine ganz einfache Rechnung auf, indem sie sagten: »Um so mehr Leute wir freikaufen, um so mehr sperren die drüben ein!«

Unliebsame Leute, ewige Meckerer, Arbeitsscheue und auch Kriminelle wurden quasi als ZUGABE mit in den Westen geschickt. Da war man in der DDR-Führung gar nicht kleinlich.

Ob der Bewerber nun zu den freigekauften oder zu den zugegebenen Leuten gehörte, wollte der neue Personalchef nicht so genau ergründen. Der Mann hatte auch gleich bei seiner Vorstellung gesagt: »Der Arbeit bin ich allerdings etwas entwöhnt. Ist ja wohl kein Wunder bei meinen vier Jahren Knast da drüben.«

»Darf ich trotzdem mal fragen, warum Sie ...?« wollte Peter Rade, der als Betriebsratsmitglied bei den Einstellungen dabei war, zu einer Frage ansetzen, als der Mann auch schon abwinkte: »Will mal sagen, darüber schweigt des Sängers Höflichkeit.«

»Also nichts Politisches?« hakte Rade vorsichtig nach. »Was soll das heißen, nichts Politisches? In dem Scheißstaat da drüben ist alles politisch«, bekam er zur Antwort. »Wer nicht organisiert, also auch mal was klaut, kommt da nicht auf den grünen Zweig. Manche geh'n sogar freiwillig in den Bau, in der Hoffnung, daß sie dann schneller hier rüber abgeschoben werden.«

»Nach dem Abkommen von 1975 gibt es auch andere Wege, mein Freund«, sagte Rade, während der Personalchef überlegte, wo sie den Mann im Betrieb einsetzen konnten.

Der Ex-Häftling überstand nicht einmal die Probezeit in seiner Abteilung. Nachdem er dem Meister mehrmals erklärt hatte, daß die Zustände in der Firma schlimmer wären als die im DDR-Gefängnis, legte der Personalchef ihm nahe, es woanders zu versuchen. Im Betriebsratszimmer sagte Peter Rade zu dem Entlassenen: »Paß nur auf, mein Freund, wenn du glauben solltest, deine neue Freiheit ist nur zum Querschießen da, landest du hier genauso schnell im Knast wie drüben.«

»Schlechter als in eurer Bude kann es da auch nicht sein.«

Rade ärgerte sich über dieses Verhalten, denn er wußte aus eigener Erfahrung, wie ungeheuer schwer es war, einen jüngeren Menschen aus der DDR heraus und nach West-Berlin oder in die Bundesrepublik zu bekommen. Er selbst stammte aus dem nordwestlich von Berlin gelegenen Industrieort Hennigsdorf, wo er in einem großen Stahlwerk seine Lehre als Schlosser gemacht hatte. Er war vor 1961 nach West-Berlin gekommen, wo er einen Arbeitsplatz in den Zehlendorfer Faser-Werken fand. Als das endlich wieder möglich war, besuchte er seine Eltern in Hennigsdorf so oft es nur ging. Bei der Gelegenheit hatte er seine spätere Verlobte 1973 kennengelernt, die er dann natürlich gerne nach Zehlendorf rüberholen wollte.

Aber, erstens war sie jung, zweitens arbeitete sie als Sekretärin im Rat der Stadt, drittens verstand sie etwas von ihrem Fach und war daher unentbehrlich. Trotzdem stellte sie Ausreiseanträge an alle nur erdenklichen Stellen, und Rade versuchte es von Berlin aus. Vergeblich! Wenn sie zusammen sein wollten, mußten sie an der polnischen Ostseeküste Urlaub machen. Dahin durften beide reisen.

Nach dem allgemein so genannten HUMANITÄTSABKOMMEN von 1975 schickte die Verlobte ihre Anträge mit der Begründung einer Familienzusammenführung nicht nur an bekannte DDR-Anwälte, sondern auch an das Büro des Staatsratsvorsitzenden Honecker. Peter Rade wandte sich in der gleichen Zeit an die Bundesregierung.

Endlich, nach einem weiteren Jahr, war es soweit. Die Verlobte durfte ausreisen. Beinahe hätte der sture Behördenapparat ihr im letzten Moment noch einen Strich durch die Rechnung gemacht. Ein einflußreicher Parteimann, der wahrscheinlich selbst hinter der jungen Frau her war, versuchte, die Genehmigung rückgängig zu machen, weil ihre Arbeit, die zudem noch vertraulich gewesen wäre, nur von ihr erledigt werden könnte. Wahrscheinlich hätte er damit sogar Glück gehabt, wenn er früher gekommen wäre.

Und von dem Tag der Ausreise an war die Tür zur DDR für die beiden verschlossen. In den nächsten Jahren durften Peter und seine Frau die Angehörigen in Hennigsdorf nicht mehr besuchen.

»War nur eine dümmliche Rache«, sagte Rade. »Was denn sonst? Und dieser freigekaufte Macker, der froh sein sollte, daß er überhaupt rübergekommen ist, macht hier so einen

Am 1. Mai 1977 demonstrierte die Belegschaft der Spinnstoffabrik Zehlendorf auf dem Teltower Damm gegen die Schließung des 1904 gegründeten Betriebes und gegen die damit verbundenen Entlassungen (Zweiter von links: Autor Horst Kammrad).

23. Juni 1990 – Wie ein Volksfest feierten die Teltower und Zehlendorfer die offizielle Einweihung der neuen Knesebeckbrücke.

Aufstand. Wir glauben eher, daß der weder drüben noch hier bei uns Bock auf's Arbeiten hatte.«

Selma Grützke aus Teltow hatte nicht die Absicht, die DDR zu verlassen. Sie wollte nur ihren kranken und inzwischen völlig erblindeten Vater in Zehlendorf besuchen. Ebenfalls in der Hoffnung auf das Abkommen von 1975, hatte ihre Schwester Eva geschrieben, daß sich der Zustand des Vaters verschlimmert habe und ob es Selma jetzt nicht möglich wäre zu kommen.

Obwohl ihr Mann das gar nicht gerne sah und deswegen murrte, fuhr Selma nach Ost-Berlin in die Hans-Beimler-Straße 27 bis 37, wo sie das »Büro für Paß- und Ausländerangelegenheiten des Ministeriums des Innern« aufsuchte. Mit ihr warteten viele Leute. So dauerte es anderthalb Stunden, bis sie vorgelassen wurde.

Ohne die geringste Regung zu zeigen, las die Frau hinter dem Schreibtisch unter dem Bild von Erich Honecker den Brief, den Eva geschrieben hatte und das ärztliche Attest. Es stellte sich heraus, daß sie nur im Vorzimmer saß und überhaupt nichts entscheiden konnte. »Es dauert etwas!« Mit diesen Worten und den Unterlagen verschwand sie im Nebenzimmer.

Selma, die nervös die Handflächen aneinanderrieb und durch das Fenster auf einen öden Hof blickte, kam sich vor wie eine Bittstellerin, die ein Verbrechen begangen hat und nun um Gnade flehen muß. Dabei wollte sie doch nur ihren Vater besuchen, bevor …

Nach zehn Minuten wußte sie Bescheid. »Ihr Antrag kann nicht als dringend angesehen werden, Frau Grützke. Wie aus den Unterlagen hervorgeht, besteht keine Lebensgefahr für ihren Vater. Es ist also auch kein Grund für Ihre Anwesenheit in West-Berlin zu erkennen. Schicken Sie bitte den Nächsten rein.«

Selma fühlte sich wie vor den Kopf geschlagen. Sie hatte zwar mit einer Ablehnung rechnen müssen, aber doch nicht mit einer so kaltschnäuzigen Begründung. Sie dachte gar nicht daran, für diese »Zimtzicke« auch noch den Laufburschen zu spielen.

Ein halbes Jahr später versuchte sie es noch einmal mit einer schriftlichen Eingabe. Es dauerte eine Zeit, bevor sie Bescheid bekam: »... Bezugnehmend auf Ihren Antrag an unsere Dienststelle, teilen wir nach Überprüfung der von Ihnen geschilderten Angelegenheit mit, daß keine Änderung der von Ihnen bekannten Entscheidung erfolgen kann.«

Als Harald nun auch noch davon anfing, daß solche Sachen wie Anträge an das Ministerium des Innern ihm selbst und seiner Stellung Schwierigkeiten bereiten könnten, platzte der sonst so ruhigen und zurückhaltenden Frau der Kragen: »Es geht hier nicht um dein blödes Ansehen, Mann, oder um deine Scheißstellung! Es geht hier um meinen Vater, der sich ja schließlich jahrzehntelang für eure Idee eingesetzt hat. In Lebensgefahr hat er sich und seine Familie unter Hitler gebracht wegen dieser Scheißpartei, die angeblich für die Gleichheit aller Menschen da sein will! Jawohl, Scheißpartei! Das alles hier hängt mir schon lange zum Halse raus!«

Sie sollte ihren Vater nicht mehr sehen, weil irgendein Genosse Krause in dem Antragsbüro das alles als eine *Angelegenheit* betrachtet hatte.

Heute ihr – morgen wir?

Am 1. Mai 1977 geschah etwas, was Zehlendorf-Mitte mit seinem kleinstädtisch-gutbürgerlichen Charakter bisher noch nicht erlebt hatte. Die Arbeiter und Angestellten der CHEMIE-FASER-WERKE protestierten mit einer Demonstration gegen die vom Konzern beschlossene Stillegung des gesamten älteren, zum Teil seit 1904 bestehenden Werkteils und gegen die damit verbundenen Entlassungen von über 700 Arbeitskräften.

An die 5.000 Leute aus dem Betrieb, von Parteien, Gewerkschaften, aus anderen Firmen oder einfach nur Zehlendorfer Bürger, fanden sich am frühen Morgen vor dem Rathaus Zehlendorf ein. Ein Lautsprecherwagen fuhr dem breiten Demonstrationszug mit lauter Musik voran, durch die Bahnunterführung und dann den Teltower Damm hinauf. Erschrocken von den ungewohnten Tönen und Bildern, oder auch nur neugierig, kamen die Bewohner der Ein- und Mehrfamilienhäuser auf ihre Balkons, oft nur spärlich bekleidet, weil sie noch geschlafen hatten.

HEUTE IHR – MORGEN WIR? stand auf einem Transparent, das von Arbeitern der benachbarten Glaswerke getragen wurde. Sie ahnten nicht, wie bald diese Voraussage Wirklichkeit werden sollte. Die Abschlußkundgebung sollte ursprünglich vor dem Werkstor der Faser-Fabrik stattfinden, weil sie da hingehörte. Das war jedoch nicht möglich, weil das Gebiet zur Sperrzone der nahen amerikanischen Kaserne gehörte. So endete die eindrucksvolle Demonstration auf den ELFI-WIESEN, auf denen gleich hinter dem Jugendfreizeitheim »Haus Teltow« die Rednertribüne aufgebaut war.

Die meisten Bewohner von Zehlendorf-Süd und Schönow kannten zwar die ELFI-WIESEN, doch nur wenige wußten, woher der Name stammte. In den fünfziger Jahren gab es vorn am Teltower Damm das ELFI-KINO, das der Besitzer nach seiner Frau benannt hatte.

Als Betriebsratsvorsitzender des betroffenen Unternehmens hielt Hans Kramer an dem Tag die eindringlichste und dennoch erfolgloseste Rede seines Lebens, die vom Rundfunk übertragen wurde und auch in den Zeitungen starke Beachtung fand. Der große Konzern war mächtiger.

»So etwas kann nur in einem menschenverachtenden System wie dem monopolkapitalistischen passieren«, erklärte Harald Grützke seinem Sohn Jürgen im Frühjahr 1980, als sie mit einigen anderen Teltowern von der Philipp-Müller-Allee aus zusahen, wie Bagger, Greifer und Kräne auf der anderen Seite des Kanals die Fabrikgebäude abrissen. Und jedesmal, wenn wieder eine Halle zusammenstürzte, wenn Mauern einbrachen und Schornsteine fielen, wallten dichte Staubwolken zum blauen Himmel hinauf. »Was hier in unserem jungen Staat neu entsteht und eine große Zukunft hat, das ist da drüben veraltet und verrottet und zeigt uns den Niedergang einer fehlgesteuerten, zügellosen, nur auf Gewinn bedachten Wirtschaft.«

»Da werden die sicher bald neue Hallen hinbauen«, meinte der Siebzehnjährige, der von den Worten seines Vaters nicht ganz überzeugt war. »Die alten Fabrikgebäude haben sich sicher nicht mehr rentiert. Da drüben in dem neuen Fabrikteil wird doch weiterproduziert.«

Auch darauf wußte Harald Grützke die passende Antwort: »Natürlich bauen die da neue Anlagen hin. Ist doch eine günstige Lage so dicht am Teltow-Kanal. Aber da arbeiten dann nur noch von Computern gesteuerte Roboter und keine Menschen mehr. Na ja, was geht das eigentlich uns an, auf welche Art und Weise sich der Kapitalismus seine Gräber schaufelt. Komm, das Essen wartet.«

Geschichten aus den Achtzigern

Vieles war im Laufe der Jahre aufgrund von Vereinbarungen einfacher geworden, aber leider auch selbstverständlicher. Mit dem Geld der Bundesbürger waren die Autobahnen zwischen Berlin und der Bundesrepublik erneuert und ausgebaut worden. Trotzdem mußten für deren Benutzung weiterhin horrende Summen bezahlt werden. Die Kontrollen der Transitreisenden an den Grenzen verliefen unkomplizierter und beinahe so wie an anderen Grenzen auch. Im Bahn- und Flugverkehr gab es seltener Schwierigkeiten. Wenn auch die Entfernungen blieben, Berlin rückte näher an West-Deutschland heran. Doch obwohl es in den achtziger Jahren leichter geworden war, in die DDR einzureisen, die Menschen in West und Ost entfernten sich immer weiter voneinander. Die Autofahrer kamen nur noch mit der Volkspolizei in Kontakt, wenn sie beim Überschreiten der Höchstgeschwindigkeit oder bei anderen Vergehen erwischt wurden. Sonst sahen sie zu, daß sie so schnell wie möglich durch die ZONE kamen. Land und Leute blieben rechts und links der Straße liegen. Die vielfältigen Probleme dieser Republik und der dort lebenden Menschen wurden für den übersättigten Bundesbürger mehr und mehr zu deren eigener Angelegenheit. Für westdeutsche Schulklassen, Vereine oder Gruppen von Kommunalpolitikern war es zu einer Art Pflicht geworden, einmal nach West-Berlin zu fahren, um einen Blick über die Mauer zu werfen und eventuell eine Rundfahrt durch Ost-Berlin zu machen. Ansonsten konnte man sich im Westteil der Stadt ja wunderbar amüsieren und das ohne Polizeistunde. Kredite der Bundesrepublik an die DDR sahen viele Bürger als weggeworfenes Geld an, und das Wort WIEDERVEREINIGUNG fiel seltener denn je zuvor.

Die verwandtschaftlichen Verbindungen waren nach mehr als zwanzig Jahren Trennung dünner geworden. Die älteren Verwandten, so war es bei Kramers, waren inzwischen verstorben. Und die jüngere Generation, so schien es, führte ihr eigenes Leben, redete eine eigene Sprache in beiden Teilen Deutschlands. Ein sowjetischer Germanistikprofessor, den Hans Kramer, der seit 1978 im sozialen Bereich der evangelischen Kirche arbeitete, irgendwo getroffen hatte, sagte ihm zu dem Thema: Deutschland konnte sich wiedervereinigen, solange die Generation noch stark vertreten war, die aus der Zeit vor der Gründung der DDR hervorging und der dort herrschenden Ideologie gleichgültig gegenüberstand. Mit der jungen, neuen Generation ist das wohl kaum noch durchzuführen. Wie sehr der Mann sich doch geirrt haben sollte.

Als seine Frau 1984 nach einer dreijährigen schweren Krankheit starb, schrieb Hans an ihre Cousine in Potsdam. Sie hatte noch bis zu ihrem siebzigsten Lebensjahr im Büro gearbeitet und war nun Rentnerin. Hans teilte ihr mit, daß sie so oft und so lange zu ihm nach Zehlendorf kommen könnte, wie es ihr Freude machte. Das war dann auch immer das einzige Mal, wo er noch etwas von den Vorgängen bei den Kontrollen am Grenzübergang Dreilinden hörte. Herta erzählte: »Also ein Theater war das wieder beim letztenmal, als ich von hier weg bin und zurück wollte. Die Frau vor mir mußte beide Taschen auspacken. Was die aber auch alles mitschleppen. Und die Illustrierten wurden natürlich von unseren unifomierten Damen wieder ganz genau angesehen. Und – schwupp – war diese oder jene Zeitschrift unter deren Tisch verschwunden. Weißt du, ich glaube, die lesen die immer selbst. Und heute früh wieder. Da hat der mir doch den

Einreisestempel auf eine falsche Seite ...« Hans kannte die Geschichten, weil sie sich wiederholten. Was er noch nicht kannte, das war der Witz, den Herta ihm erzählte und der zur Zeit drüben seine Runde machte: Honecker geht in der Hauptstadt spazieren. Da sieht er eine lange Menschenschlange. Er denkt, da gibt es bestimmt was besonderes und stellt sich hinten an. Als die Leute ihn erkennen, verläßt einer nach dem anderen die Schlange. »Was ist los?« fragt Honecker die letzten. »Warum gehen die Leute alle wieder weg?« »Weil sie hier nach Ausreiseanträgen angestanden haben«, bekommt er zur Antwort. »Aber als die Leute gesehen haben, daß Sie auch ausreisen wollen, sagten sie sich: Wenn der geht, dann können wir ja bleiben.«

Als Hans Kramer nach 1985 Frührentner geworden war, ging er oft am Teltow-Kanal zwischen Knesebeck-Brücke und der Teltow-Werft spazieren. Dann dachte er manchmal daran, was damals nach der Grenzschließung von Seiten West-Berlins alles gemacht wurde. Zu Weihnachten 1961 und 1962 standen überall an der Grenze, selbst auf den Dächern der Fabriken, große Weihnachtsbäume. Kerzen wurden in die Fenster gestellt, um den Landsleuten jenseits der Grenze zu sagen: »Wir sind mit unseren Gedanken immer bei euch!« Und heute? Wenn die kläffenden Hunde im Todesstreifen nicht die Aufmerksamkeit auf sich ziehen würden, kaum noch ein interessierter Blick wäre für die andere Seite verschwendet worden.

»Die roten Spruchbänder mit den kommunistischen Parolen sieht man drüben schon lange nicht mehr«, hörte Hans einmal, als er am Kanal auf einer Bank saß. »Haben wohl keinen Stoff mehr dafür übrig.« Und später: »Pakete schicken wir da nicht mehr rüber. Die werden ja alle von den Postboten geklaut. Sind alles Räuber da drüben.«

Dann war da der alte Herr, über achtzig schon, der am Kanal stand und mit traurigen Augen den Schiffen nachsah, die aus West-Deutschland kamen oder dorthin zurückfuhren. Er sah ihnen nach, weil sie alle an seinem an der Havel gelegenen Heimatort Rathenow vorbeikommen mußten und weil er Heimweh hatte. Als seine Tochter und der Schwiegersohn die Eltern hierher nach Zehlendorf holten, lebte seine Frau nur noch wenige Monate. Tochter und Schwiegersohn waren vor einem Jahr nach Bayern gezogen. »Du hast es hier ja gut, Vater.« Nun war er allein und wußte, daß nur die Wasserläufe noch verbindend waren, daß alte Bäume aber nicht verpflanzt werden durften.

Seit zwei Jahren war Kramer auch mit dem Ehepaar bekannt, das am Teltower Kanal in einer Zweizimmmerwohnung lebte. Im Spreewald war ihr Zuhause gewesen. Ein Häuschen gab es da und einen Garten, der bis an einen Nebenarm der Spree reichte. Die Rente war zwar sehr niedrig, aber es gab viel eigenes Gemüse und Obst zum Einmachen. Nachbarn waren da, die sie gut kannten. Sie halfen sich gegenseitig. Ein großes flaches Boot hatten sie, um Touristen damit zu fahren, ein Nebenverdienst. Die Kinder kamen und die Enkel, und unter den schattigen Kronen der alten Bäume war viel Platz für alle. Dann besuchten sie seine Schwester hier in West-Berlin. Andere Verwandte und Bekannte fanden sich ein. Und das Drängen, Überreden: «Kommt doch rüber! Was wollt ihr denn da noch? Ihr könnt doch in eurem Alter ausreisen. Da drüben lebt ihr doch immer nur von der Hand in den Mund. Hier bekommt ihr eine anständige Rente, lebt ganz sorgenfrei. Hier könnt ihr die Freiheit mal richtig genießen. Also wir an eurer Stelle ...«

Sie lebten nun in der Freiheit, hatten mehr Geld und gaben mehr Geld aus. Im Wohnzimmer stand ein schöner großer

Farbfernseher und in der Küche sogar eine Mikrowelle. Doch den kleinen Balkon konnten sie kaum benutzen. Der lag zur Hauptverkehrsstraße hinaus, auf der am Tag viel Lärm war und die Ami-Panzer mit nervenzerreißendem Getöse vorbeidonnerten. So blieben ihnen die Wege am Teltow-Kanal zum Spazierengehen. Und sie konnten nach drüben blicken. Zurück in den Spreewald? Das ging nun nicht mehr.

Es war 1986, noch in der Zeit, bevor Hans Kramer sein letztes Auto verkaufte, weil er mit seinen kriegsverletzten Beinen immer schwerer fahren konnte, und weil es sich einfach nicht mehr rentierte, hier in der Stadt ein Auto zu haben. Er stellte den Wagen in der Benschallee am ehemaligen Bahnhof Düppel ab und stieg auf eine Aussichtsplattform, die ihm einen Blick über die Mauer nach Kleinmachnow gestattete.

Er wollte feststellen, ob die »Kammerspiele«, das Kino am Uhlen-Horst, in dem er in jungen Jahren viele Filme gesehen hatte, von hier oben aus zu erkennen waren. Er sah sie nicht hinter den mit den Jahren hochgewachsenen Bäumen. Als er trotzdem ein paar Fotos machen wollte, bemerkte er, daß die GERPOS auf dem nahen Wachtturm ihn mit ihren Ferngläsern beobachteten. Automatisch klopfte sein Herz höher, und er spürte die Blicke förmlich im Genick. Er traute sich nicht, über die Mauer hinweg zu fotografieren.

In dem Moment hielt unten ein Jeep der amerikanischen Militärpolizei. Einer der beiden bewaffneten Weißbehelmten kam die Stufen herauf und sagte: »Hello!«

Schnell kam Hans dahinter, daß er einen der wenigen deutschsprechenden Amerikaner vor sich hatte. Sie unterhielten sich über die Schienenreste der früheren Stammbahn und machten sich lustig über die auf sich gerichteten Ferngläser. Dann wollte der Amerikaner wissen, was das für Leute wären, die da drüben in den Einfamilienhäusern wohnten.

»Das waren meist Berliner, die vor dem Krieg in den dreißiger Jahren hier rausgezogen sind, als die Gegend besiedelt wurde«, erklärte Hans.

»O.K., good«, nickte der Ami. »In die dreißiger Jahre. Dann waren das alles Nationalsozialisten damals, und heute sind sie Kommunisten.«

Hans, der nun doch ein paar Fotos gemacht hatte, sah den Soldaten verwundert an. »Wieso sind das alles Kommunisten? Nur weil sie da drüben wohnen. So könnt ihr das auch nur in den Staaten sehen! Das waren und sind einfache Leute, von denen damals nur ein geringer Teil in der Partei war und von denen heute auch nur ein geringer Teil in der anderen Partei ist. Der Ablauf der deutschen Geschichte hat uns auf die Seite und diese Leute da auf die andere Seite der Grenze verschlagen. O.K.?«

»O.K., O.K., good morning«, brummte der Soldat und ging zur Treppe. Hans hörte ihn noch brummeln: »Deutsche Geschichte ... these dammn' Germans ...«

Der Affe tut gerade so, als ob die Geschichte der Vereinigten Staaten viel rühmlicher wäre, dachte Hans, als er die Stufen hinabging.

Und weil der Mensch ein Mensch ist

»Für meine Person kann ich mit Bestimmtheit sagen, daß ich nie auf einen Republikflüchtling schießen könnte, schon gar nicht gezielt«, erklärte Jürgen Grützke seinem Vater eines Abends, kurz nachdem er seine Dienstzeit bei der Nationalen Volksarmee beendet hatte. Er arbeitete jetzt in dem Betrieb, in dem Harald Grützke inzwischen eine leitende Position bekleidete. Anlaß des Gesprächs war die Meldung eines westlichen Senders, daß am 24. November 1986 an der Grenze zwischen Berlin-Fronau und Glienicke-Nordbahn ein fünfundzwanzigjähriger Mann von Grenzposten der DDR erschossen worden war, als er versuchte, die Mauer mit Hilfe einer Leiter zu übersteigen. Erst drei Tage vorher waren an der Grenze zwischen Neukölln und Treptow zwei Flüchtlinge im Kugelhagel der Grenzsoldaten gestorben. Sie hatten den Durchbruch mit Hilfe eines Lastwagens versucht.

»Es ist doch so, Vater«, sagte Jürgen. »Als bewaffneter Soldat oder Polizist auf unbewaffnete Leute mit der Absicht, sie zu töten, zu schießen, also, das wäre so, als würde ich einen Mord begehen. Da waren sich beinahe alle einig, als wir auf unserer Stube darüber sprachen.«

»So, ihr habt darüber gesprochen?« Harald Grützke räusperte sich. Er mußte erst einmal über die Worte seines Sohnes nachdenken. »Der ungesetzliche Grenzübertritt ist aber eine Straftat«, erwiderte er dann. »Das ist ein Beschluß der Volkskammer. Und die Straftat verschärft sich, wenn bei einer Flucht Grenzanlagen beschädigt werden. Das wird man euch ja wohl bei der NVA beigebracht haben, oder?«

»Was heißt beigebracht? Deswegen haben wir ja darüber

diskutiert«, erwiderte Jürgen hartnäckig. »Beim Begehen einer Straftat gibts ja schließlich Unterschiede. Ein Polizist schießt doch nicht auf einen unbewaffneten, sagen wir mal, Taschendieb ...«

»Das ist doch wohl kein Vergleich!« brauste Harald Grützke auf. »Also weißt du, Jürgen. Eine gewaltsame Grenzverletzung und ein Taschendieb.«

»Was ist denn daran gewaltsam, wenn einer mit'ner Leiter über die Mauer steigen will? Wenn er dabei eine Pistole gezogen und auf die Grepos geschossen hätte, dann wäre das gewaltsam. Aber ein unbewaffneter Flüchtling, der glaubt, daß es im 'goldenen Westen' besser ist als hier, dem kann man doch nicht einfach von hinten in den Rücken schießen. Es heißt doch, daß Schüsse von hinten hinterhältig und feige sind.«

»Du siehst dir zuviele von diesen Wildwest-Filmen an in letzter Zeit!« schimpfte Grützke und war froh, von dem Schießthema abzukommen. »Du hast dich sowieso sehr verändert, seitdem du von der NVA zurück bist. Ich kann mich nur noch wundern.« Er sah Selma an. »Über euch beide muß ich mich wundern.«

Damit meinte er wahrscheinlich auch, daß seine Frau und sein Sohn nach dem Tode seiner Mutter und besonders nach der Rückkehr Jürgens vom Militärdienst einfach nicht mehr auf seine Worte und Belehrungen hörten. Sie sahen jetzt nicht nur Fußball im West-Fernsehen. Selma schaltete nur noch die Westsender ein, versäumte keine Unterhaltungssendung. Jürgen hatte sogar die Frechheit besessen, Karl-Eduard von Schnitzler das Wort abzudrehen, obwohl er genau wußte, daß sein Vater den SCHWARZEN KANAL noch niemals versäumt hatte.

»Das ist auch so einer von den alten Männern, Vater, die

hier im Lande seit ewigen Zeiten das Sagen haben«, rechtfertigte er sich, als Harald sich wieder etwas beruhigt hatte. »Es kommen doch seit Jahren keine neuen Ideen mehr von den Genossen an der Spitze. Nur das Meckern auf andere, die an allem die Schuld haben sollen.«

»Junge, sei vorsichtig mit dem, was du sagst«, warnte ihn seine Mutter. Harald aber sagte: »Nee, nee, laß ihn nur reden. Er weiß ja plötzlich so vieles besser als die alten, erfahrenen Genossen. Wenn Karl Marx ...«

»Darauf habe ich gewartet«, lachte Jürgen. »Wenn ihr nicht weiter wißt, kommt ihr uns mit Karl Marx. Der hat aber seine Theorien im vorigen Jahrhundert entwickelt. Er hat gesagt, die herrschende Klasse hätte sich Boden, Rohstoffe, Arbeitskräfte und Maschinen unrechtmäßig angeeignet und dabei andere in Sklaverei oder Hörigkeit gezwungen. Das war und ist auch so, unbestritten. Aber wer herrscht denn hier bei uns? Das Volk doch nicht, wie uns die Altkommunisten das täglich einreden wollen. Und Sklaven? Wenn einer nicht mal dahingehen kann, wo er gerne leben möchte? Was ist das denn? Ja, und hörig sind wir zwar noch lange nicht, aber die Alten da oben, die uns junge Kommunisten ständig zur Seite drücken, die würden es gerne sehen, wenn wir ihnen alle total hörig wären.«

»Junge, was redest du nur?« stöhnte Harald Grützke erschüttert. »Was ist bloß neuerdings in dich gefahren? Wozu hat man sich seit Jahren bemüht, und nicht nur ich, dich im Sinne der Ideen unseres marxistisch-sozialistischen Denkens zu erziehen? Man könnte meinen, daß du neuerdings den Verleumdungen, Verdrehungen und der Hetze unserer monopolkapitalistischen Feinde erlegen bist.«

»Das bin ich nicht, Vater«, sagte Jürgen fest. »Ich war bei der Armee nur mal eine Zeitlang mit anderen jungen Genossen zusammen, enger als sonst. Und wir hatten sehr viel Zeit zum Denken und zum Reden.«

»Das scheint mir auch so«, sagte sein Vater betrübt und hob die Schultern. »Gib nur acht, daß deine Gedanken nicht den Genossen im Betrieb zu Ohren kommen. Das wäre für uns beide nicht gut.«

Es war nicht nur Jürgen Grützke, der immer mehr erkannte, daß alles Handeln in diesem Staat nicht mit den Worten übereinstimmte, die so gerne von den Hundertprozentigen gebraucht wurden. Als Bertolt Brecht und Hanns Eisler das »Einheitsfrontlied« machten, da meinten sie das im Text Gesagte auch so. Aber die Leute, die es später sangen, nachdem sie gerade erst über »Schießbefehle« und »gezielte Todesschüsse« abgestimmt hatten, oder die es munter summten, während sie in den Büros der Staatssicherheit Bespitzelungsaufträge erteilten und Haftbefehle für Andersdenkende unterschrieben, die konnten das *volkseigene* Volk damit nur noch verhohnepipeln:

Und weil der Mensch ein Mensch ist
Drum hat er Stiefel im Gesicht nicht gern,
Er will unter sich keinen Sklaven sehn
Und über sich keinen Herrn

Die Brücke nach Teltow – Epilog

Hans Kramer bezahlte das Essen und die Getränke in dem von einem Jugoslawen bewirtschafteten Lokal. Er winkte ab, als Heinz Sichel dagegen protestieren wollte: »Nee, laß du mal deine paar Kröten stecken, Heinz. Ihr in den neuen Bundesländern müßt wahrscheinlich noch ziemlich lange jeden Pfennig dreimal umdrehen, ehe ihr ihn ausgeben könnt. Für mich war das eine ganz tolle Sache, nach so vielen Jahren mit einem Kumpel von damals zu quatschen.«

Sie verließen das Lokal in Schönow, in dem die Gewerkschaftlichen Vertrauensleute der Faser-Werke früher oft ihre Sitzungen abgehalten hatten, als das Landhaus noch den Namen von Mutter Stürmer trug.

»Wieviel Zeit hatten wir damals in den langen Nächten, um über viele Dinge zu reden«, erinnerte sich Heinz. »Das muß doch so um 1950 rum gewesen sein, als wir Handwerker vorübergehend in der Produktion in Schicht arbeiten mußten. Von den anderen aus dieser Zeit gibt es wohl niemanden mehr, oder?«

»Doch«, sagte Hans, »einige wohnen noch hier in der Gegend. Sind inzwischen alle Rentner geworden.«

»Von den Teltowern, die vor dreißig Jahren in der Fabrik gearbeitet haben, bin ich wahrscheinlich noch der einzige«, sinnierte Heinz. »Da hat man im Leben immer eine Menge Leute um sich herum gehabt, und ehe man sich versieht, steht man alleine da. Weißte, meine Enkelin wohnte in den letzten Jahren bei mir. War doch geschieden, meine Tochter. Und dann im Herbst 1989 ist das Mädel plötzlich weg, über Nacht ist sie weg. Sie ist mit ihrem Freund über Ungarn nach drüben.

Ihr Freund, das war ein gewisser Jürgen Grützke aus Teltow. Aber den kennst du nicht. Woher auch?«

»Grützke? Grützke?« überlegte Hans. »Irgendwie kommt mir der Name bekannt vor.«

An der durch Schönow führenden Fahrbahn des Teltower Damm, die viele Jahre lang nur den Ausflüglern als Zufahrtsstraße zu den Wanderwegen am Kanal diente, wurde tüchtig gearbeitet. Die Brücke sollte schon bald für den PKW-Verkehr freigegeben werden, um Teltow und Zehlendorf noch enger zu verbinden.

»Dem Jürgen Grützke sein Vater, das war so ein ganz Hundertprozentiger«, erzählte Heinz Sichel unterwegs weiter. »Habe den gekannt. Der hatte seine Nase überall drin. Aber so richtig gemein in die Pfanne gehaun, bei der STASI und so, hat der nie einen. Das war wahrscheinlich auch der Einfluß seiner Frau. Vor zwei Jahren ist er gestorben, ganz plötzlich. Herzinfarkt. Soll während einer Sitzung im Rathaus gewesen sein. Wahrscheinlich hat der sich total übernommen.«

»War ein sturer Hund, was?« lachte Hans. »Wenn es bei euch nicht so viele Leute wie den gegeben hätte, die den ganzen realexistierenden Sozialismus vierzig Jahre lang angebetet haben und fest daran glaubten, dann wäre euer Staat schon viel früher in die Brüche gegangen, das glaub mir.«

Heinz nickte. »Da kannste recht haben. Grützke war einer von denen, die ihr letztes Hemd eingefärbt hätten, um eine rote Fahne daraus zu machen. Da kann man sagen, es war beinahe so was wie Glück für den, daß er nicht mehr erlebt hat, wie sein Sohn mit meiner Enkelin in den Westen abgehaun ist. Seine Frau wohnt nun allein in dem Haus in der Ritterstraße. Besuche sie ab und zu mal.«

»Na, Heinz, du willst doch nicht etwa noch was anfangen auf deine alten Tage?«

Jetzt lachte Sichel. »Junge, wo denkst du hin, ick mit mein Rheuma. Die Selma ist zwar'ne tolle Frau, ja, immer noch. Mit der kann man über alles reden. Die kannte auch jeden in Teltow, schon weil sie lange Jahre in der Bäckerei hinterm Ladentisch stand. Übrigens ist sie auch mal aus Zehlendorf rüber gekommen.«

Hans blieb abrupt stehen. Sie befanden sich kurz vor der neuen Brücke. Links, fast verdeckt von neuen Telefonzellen, war der viereckige Gedenkstein für den am 29. August erschossenen Flüchtling. Rechts vor der Brücke trug ein kleiner Stein die Inschrift: 23.6. 1990 – BRÜCKEN SCHMIEDEN – EINTRACHT UND FRIEDEN – TELTOW-ZEHLENDORF.

»Aus Zehlendorf, sagst du, und Selma heißt sie? Du, ich kenne die Grützkes doch!« rief Hans. »Das heißt, den Mann kenne ich nur dem Namen nach, aber Selma Laube kenne ich von früher her sehr gut. Waren unsere Nachbarn in der Kolonie 'Feierabend'. Mensch, das ist ja 'n Ding! Die besuche ich auch mal, ganz bestimmt.«

Sie standen am Geländer der flachen Brücke und blickten über den Kanal. Hinten, vor Kleinmachnow, tauchte ein Tankschiff auf. Es brachte Heizöl zum Kraftwerk in Lichterfelde. Fünfundachtzig Jahre alt war diese 38,6 Kilometer lange Wasserstraße, die die Gewässer der Havel im Westen mit denen der Spree im Osten verband. Und genauso lange gab es hier eine Brücke. Damals wurde sie als Stahlfachwerkbrücke errichtet und erfüllte ihren Zweck bis 1945. Sie war dem Autobus »T«, der bis zu der Zeit zwischen dem Bahnhof Teltow und der Moabiter Turmstraße verkehrte, eine solide Verbindung von Ufer zu Ufer.

Am 23. April 1945, als sich die 55. sowjetische Panzerbrigade unter Oberst David Dragunski Zehlendorf vom Süden her näherte, wurde die Brücke von den Verteidigern der Stadt gesprengt. Was dann folgte, muß schlimm gewesen sein. Oberst Dragunski beschrieb die Ereignisse später unter anderem so: »Der Durchbruch bei Kiew, die Schlacht um Lwow, der Angriff aus dem Brückenkopf Sandomierz, all diese grandiosen Operationen waren nicht mit dem zu vergleichen, was in den Morgenstunden des 24. April am Teltow-Kanal geschah ... Zehntausende von Granaten sausten über die Köpfe unserer Panzersoldaten hinweg ... Das Nordufer des Kanals und der südliche Stadtrand von Berlin standen in Flammen. Häuser und Verteidigungsanlagen fielen in Schutt und Asche, dicke Rauchwolken stiegen auf. Die gequälte und verstümmelte Erde stöhnte ...«

Über die erste Behelfsbrücke gelangte nur die sowjetische Infanterie nach Schönow hinüber. Nach einer halben Stunde existierte die Brücke nicht mehr und wurde erst später etwas fester gebaut.

Erst 1948 wurde damit begonnen, die Stahlbrücke aus dem Kanalbett zu heben und instandzusetzen. Während der Berlinblockade benutzten sie manche Zehlendorfer, um drüben in Teltow Lebensmittel einzukaufen. Hans Kramer ging mit seiner Verlobten und mit Freunden an den Sonnabenden nach Teltow in den »Schwarzen Adler« zum Tanzen. Aber immer schärfer wurden die Kontrollen, immer schwieriger das Passieren der Grenze, bis ... die Knesebeck-Brücke mit dem 13. August 1961 in einen achtundzwanzig Jahre währenden Dornröschenschlaf versank.

»Glaubst du, daß deine Enkelin mit ihrem Freund mal wieder zurückkommmt nach Teltow?«

Heinz wiegte zweifelnd den Kopf. »Ich weiß nicht, aber ich möchte es doch glauben. Hier wartet mein Häuschen, und hier wartet das Haus von Grützkes auf die beiden. Können die sich einen besseren Start in die Zukunft wünschen, he? Ich hatte nicht so einen Anfang und du wohl auch nicht. Und was sollen die bei den Wessis? Meine Enkelin schreibt, daß sie von manchen Leuten ständig mitleidig angeseh'n werden, weil sie ohne was in den Händen zu haben da ankamen. Andere wieder betrachteten die beiden wie Eindringlinge, wie Fremde, die gekommen sind, um ihnen was von ihrem Wohlstand wegzunehmen. Ja, so ist das. Und manche Leute in West-Deutschland scheinen sich einzubilden, daß nur sie die Wende herbeigeführt haben, daß wir Ossis ihnen noch dankbar sein müßten dafür. Besonders die Herren Politiker bilden sich das ein. Wir beide wissen, daß es anders war.«

Hans legte ihm die Hand auf die Schulter. »Ich weiß sehr gut, daß es bei euch schon lange gegärt hat, und besonders unter den jüngeren Leuten, ob sie nun Kommunisten waren oder nicht. Wahrscheinlich konnten wir das von West-Berlin aus besser beobachten als die Leute in West-Deutschland.«

»Weil ihr in West-Berlin genauso in einem Käfig eingesperrt gewesen seid wie wir«, nickte Heinz.

»Nur gegen euren eisernen Käfig war es bei uns doch mehr ein goldener.«

Beide beobachteten sie den Tanker aus Hamburg, der die Brücke erreicht hatte und mit tiefem Motorengebrumm darunter hindurch und langsam weiterzog.

Inhalt

Die Brücke nach Teltow – Prolog 5
Die ham doch nich alle Tassen im Schrank 9
Wat denn nun werden soll? 15
Die politische Entscheidung blieb aus 21
Monolog am Stacheldraht 27
Ein Tunnel nach Kleinmachnow 34
Alles ist wichtig, Selma 41
Mit Pfiffifax und Rüpel 49
Orlando aus Spanien 55
In einer kalten Februarnacht 63
Hilfe, Herr Volkspo! 68
Ein neues und ein altes Auto 76
Eine Delegation aus Deutschland 83
Die Auferstehung 89
Alt werden wa alle mal 95
Die Insulaner 103
Es geht um nichts Geheimnisvolles 109
Zwischen Panzer und Holzkreuz 116
Warum eigentlich nicht? 122
Von Brigadieren und Brigaden 126
Siehst du, das ist spontan 137
Wir läuten Hoffnung 139
Eine geschlossene Gesellschaft 145
Wertvolle Freundschaften 154
Spiel nicht mit den Schmuddelkindern 157
Ausgewiesen oder eingesperrt 162
Heute ihr – morgen wir? 167

Geschichten aus den Achtzigern 170
Und weil der Mensch ein Mensch ist 176
Die Brücke nach Teltow – Epilog 180

Berlin literarisch

Gabriele Tergit: **Käsebier erobert den Kurfürstendamm**
Eine Wiederentdeckung: Der Großstadtroman aus dem Berliner Presse- und Gesellschaftsmilieu der zwanziger Jahre

Egon Larsen: **Die Welt der Gabriele Tergit**
Aus dem Leben einer ewig jungen Berlinerin

Sigmar Schollak: **Ausflug in Paradiese. Erzählungen.**
Träume und erfundene Wirklichkeiten, die das Leben vorgab

Georg Holmsten: **Endstation Berlin**
Roman einer dramatischen und chaotischen Epoche unserer Geschichte

Julius Stinde: **Familie Buchholz**
Julius Stinde: **Der Familie Buchholz zweiter Teil**
Aus dem Leben der Hauptstadt - 2 Bände

Julius Stinde: Frau Wilhelmine Buchholz

Julius Stinde: **Frau Buchholz im Orient**

Erdmann Graeser: **Lemkes sel. Witwe**
Neuausgabe in 2 Bänden

Erdmann Graeser: **Eisrieke**
Ein Roman aus dem alten Berlin

Max Kretzer: **Der Millionenbauer**
Roman aus dem alten Berlin

Ilse Kleberger: **Damals mit Kulicke**
Vom Luftschutzkeller bis zum schwarzen Markt